교사
베이직

교사 베이직

ⓒ 생명의말씀사 2018

2018년 7월 13일 1판 1쇄 발행
2025년 3월 14일　　 16쇄 발행

펴낸이 ǀ 김창영
펴낸곳 ǀ 생명의말씀사

등록 ǀ 1962. 1. 10. No.300-1962-1
주소 ǀ 서울시 종로구 경희궁1길 6 (03176)
전화 ǀ 02)738-6555(본사)·02)3159-7979(영업)
팩스 ǀ 02)739-3824(본사)·080-022-8585(영업)

지은이 ǀ 이정현

기획편집 ǀ 서정희, 김나연
디자인 ǀ 조현진, 윤보람
인쇄 ǀ 영진문원
제본 ǀ 다온바인텍

ISBN 978-89-04-12170-0 (03230)

저작권자의 허락 없이 이 책의 일부 또는 전체를
무단 복제, 전재, 발췌하면 저작권법에 의해 처벌을 받습니다.

교사 베이직

교회학교 교사에게
지금 꼭 필요한 10가지

이정현 지음

생명의말씀사

추천사

요즘 다음세대를 섬기는 교사를 대상으로 집회를 인도하다 보면 자주 듣는 말이 있다. 강사 섭외가 무척 힘들다는 것이다. '공부한 분들은 있는데 현장이 없고, 현장은 있는데 이론이 없다.'라는 말이 자주 들린다.

이런 상황에서 『교사 베이직』을 펴낸 이정현 목사는 교육학을 공부하고 드림교회에 부임해 8년 동안 교회학교를 섬긴 '현장이 있는 교육학자이자 목회자'이다. 많은 교사와 학생들과 동고동락하는 가운데 그들의 영혼을 보듬고 소성케하며, 변화와 성숙을 이끌어 낸 이야기가 이 책에 고스란히 담겨있다. 어려운 이론의 책이 아니라 현장에서 섬기는 교회학교 교사들이 실제적으로 도움을 받을 수 있는, 가장 기본적이면서도 중요한 내용을 담았기에 큰 도움이 될 것이다

교사가 부족하고 교회학교를 섬기기가 어렵다고 하는 요즘 시대에, 이 책을 통해 많은 교사들이 통찰력을 얻고 용기를 내는 기회가 될 것을 기대한다.

임만호 _ 군산드림교회 담임목사

이 책을 추천한 이유는 교회학교를 100명에서 1600명으로 부흥시킨 교사들의 이야기라는 것 때문이 아니다. 진심으로, 주일학교를 섬기는 모든 선생님들이 꼭 읽었으면 좋겠다는 생각에서다. 그 동안 교사에 관한 지침서들은 많이 나왔다. 그러나 교사의 기본이 무엇인지를 제대로 담아낸 책으로는 『교사 베이직』만한 것이 있을까 싶다. 교사가 아이들을 대할 때 필요한 기초가 무엇인지를 매우 구체적이고 실제적으로 담아냈다. 이 책을 통해 교사들이 든든히 세워지고 그로 인해 교회학교가 더 든든히 세워지며 나아가 한국교회가 견고하게 세워지는 날이 오기를 소망한다.

김인환 _ 더라이프지구촌교회 담임목사

청소년 사역이라는 한 우물을 파는 이정현 목사의 『교사 베이직』을 보는 순간, 청소년 사역의 핵심은 '헌신된 교사'라는 사실을 새삼 느끼게 되었다. 교사는 그 자체가 교육과정이다. 교사의 생각, 감정, 그리고 행동 하나하나가 다음세대 아이들에게는 모두 보고 배워야 할 교육의 내용이기 때문이다. 그러기에 교회학교 교사는 교회 내의 그 어떤 직분보다 더 중요한 위치에 서 있는 사람들이다. 교회의 본질적 사명은 하나님의 말씀을 학습자들에게 잘 가르쳐 성숙한 하나님의 자녀로 이 세상 속에서 살아가도록 하는 일이다. 그런데 이 일은 아무나 할 수 없다. 오직 헌신되고 훈련된 교사만이 할 수 있다. 다음세대 아이들을 위해 사랑으로 헌신하는 이 땅의 모든 교회학교 교사들을 위로하며 이 책의 일독을 권한다.

함영주 _ 총신대학교 기독교교육과 교수

이 책은 어떻게 교회학교가 성장하고 인원이 늘어나며, 무슨 교육 프로그램으로 드림교회 교회학교가 부흥했는지를 말해주지는 않는다. 모든 부흥의 원동력이 교사였다는 귀한 고백과 함께, 그런 믿음의 교사들에게 꼭 필요한 10가지의 중요한 원리들을 담백하게 알려준다. 한 명 한 명의 영혼들을 소중히 여기며 다음세대를 위해 헌신하는 이 땅의 모든 선생님들에게 이 책을 기쁨으로 추천한다.

임우현 _ 목사, 징검다리 선교회 대표간사

아이들과 더불어 살다 보면 결국 '한 사람'의 중요성을 깨닫게 된다. 백 명이 세워지는 일도 한 사람이 백 번이지, 한 번에 백 명은 아니라는 걸 알게 되는 것이다. 이 책은 그 한 사람을 이야기한다. 우리가 교사로서 찾아야 할 한 사람을 말하고, 그 한 사람을 세울 교사 한 사람을 찾는다. 그 한 사람을 찾고 있는가? 그 한 사람이 되길 원하는가? 그렇다면 이 책이 길잡이가 되어줄 것이다.

오선화 _ 「교사, 진심이면 돼요」 저자

목차

추천사 4
프롤로그_한 명의 교사가 살아 있을 때 10
각주 158

1. 한 교사 마인드 One Teacher 18
제대로 된 교사 한 명만 있어도 교회학교는 살아 움직입니다

2. 소명의식 Calling 30
어린 영혼을 사랑하게 될 때 내 안에서 소명의식은 자연스럽게 피어납니다

3. 인내 Patience 40
교사 자신에 대한 인내 vs 아이들에 대한 인내, 둘 다가 필요합니다

4. 영성 Spirituality 58
교사는 봉사자 이전에 예배자라는 사실을 잊어서는 안 됩니다

5. 소통 Communication 72
아이들은 자신들과 소통할 수 있는 그 선생님을 찾고 있습니다

6. 다양성 Variety   86
아이들마다 배우는 방법, 환경, 필요가 다를 수 있다는 것을 인정하세요

7. 성장 Growth   102
교사가 먼저 성장해야 합니다. 우리 아이들은 교사의 분량만큼 성장하니까요

8. 헌신 Commitment   116
가르침은 헌신입니다. 선생님이 나를 위해서 어느 정도 헌신하는지 아이들은 다 알고 있습니다

9. 진짜 사랑 Real Love   130
"어떻게 하면 우리 반 아이들을 좀 더 사랑할 수 있을까?"를 늘 고민하세요

10. 비전: 교사 세우기 · Vision: One More Teacher   146
'지금 우리 반 아이들은 미래 교회의 교사'라는 생각으로 키우십시오. 이 아이들이 한국 교회를 책임집니다

프롤로그

한 명의 교사가 살아 있을 때

8년간의 미국 유학생활을 끝내고 한국에 들어왔을 때가 기억납니다. 나의 최종 행선지는 군산이었는데, 유학생활하면서 한 번도 머릿속에 그려 본 적 없는 도시였습니다. 그동안 내가 사역했던 곳은 서울 아니면 미국이었습니다. 게다가 군산은 아무 연고도 없고 친구나 지인도 없는 곳이었습니다. 처음에 이곳에 와서 사역을 하는데, 자꾸 이런 마음이 들었습니다.

'과연 이 교회에서 내가 몇 년이나 사역할 수 있을까?'

'다음 행선지는 어디가 될까?'

고민하는 내 마음을 바꿔 놓은 것은 교회 학생들이었습니다. 학생들을 만날수록 생각이 달라졌습니다.

교회에서 청소년을 데리고 본격적인 사역을 하는데, 내 주변에는 일반적인 아이들보다는 그렇지 않은 아이들이 많았습니다. 솔직히 누구나 공부 잘하는 학생, 말 잘 듣는 학생, 성실한 학생을 좋아합니다. 대하기도 편하고 교육하기도 수월합니다.

그러나 내게 자주 연락하고 살갑게 다가오는 아이들은 이른바 일진들, 가출 청소년, 학교에서 꼴통으로 불리는 아이들이었습니다. 목회자인 나를 만나도 술 담배는 기본이었고, 대화의 내용은 음담패설이 주를 이루었습니다. 그런 친구들과 계속 만나고 어울리다 보니 교회 안에 이정현 목사는 문제 아이들과만 어울린다는 안 좋은 소문도 돌았습니다.

수년 후 그런 아이들과 지속적인 관계를 형성하는 가운데 신기한 일이 일어났습니다. 다는 아니지만 몇 녀석은 어느 순간부터 달라지기 시작했습니다. 학교에서 버렸고 가정에서 포기한 아이가 갑자기 공부하겠다고 하더니, 인문계 고등학교에 기적적으로 진학하게 되었습니다. 왜 기적이냐면, 그 친구는 반에서 거의 꼴등이었기 때문입니다.

이 친구의 인문계 고등학교 진학의 기적은 이렇게 일어났습니다. 그해 군산시 역사상 최초로 인문계 고등학교는 미달 사태가 벌어졌습니다. 그래서 이 친구가 인문계에 진학이 가능했던 것입니다. 중학교 때까지 꼴등이었던 친구가 고등학교 3년을 잘 버티더니, 모대학교 법학과에 진학하기에 이르렀습니다. 사실 이 친구 주변에는 고졸도 별로 없습니다. 이 친구는 중학교 동창들 가운데 가장 성공한 케이스입니다.

한번은 군대에 갔다가 휴가를 나와서 이 친구를 만났는데, 피엑스(군부대 기지 내의 매점)에서 사온 선물을 주었습니다. 바로 건강보조

제였는데, 내가 이제까지 받은 선물 중에서 가장 귀하고 값진 선물입니다. 군대에서 돈을 아껴서 나를 위해 준비해온 선물이라니….
 이 친구가 늘 입에 달고 사는 말이 있습니다.
 "목사님 덕분에 제 인생이 바뀌었어요! 목사님 아니면 저는 아직도 망나니로 살고 있을 텐데, 제가 달라졌습니다."

 재미난 것은 이 친구가 이런 말을 하고 있노라면, 곧장 옆에서 반박하는 다른 친구가 있습니다.
 "아닙니다. 이 친구보다 제 인생이 더 크게 달라졌습니다. 목사님이 제 인생을 더 크게 바꿨습니다."
 그 다른 친구는 맨날 여자를 가까이하며 술 담배에 빠져 인생에 대한 별 소망 없이 피시방 죽돌이로 살았는데, 어느 순간에 보니 교회학교 교사로 자기 몸을 불사르고 있었습니다. 요즘은 더욱 큰 변화를 추구하며 매일 성경을 읽고 있습니다.
 드림교회에서 사역하면서 가장 크게 느낀 점은 이것입니다.
 '사람은 달라질 수 있구나. 사람은 변화되는구나.'

그런데 그냥은 아니었습니다. 누군가에게 선한 영향을 받을 때, 그 아이들에게 변화가 싹트기 시작했습니다. 어떤 한 사람이 한 아이를 포기하지 않고 지속적인 영향력을 행사할 때 아이들은 반드시 변화됩니다.

8년간 드림교회 교회교육 디렉터로 교회학교를 담당하며 가장 많이 받은 질문은 이것입니다.
"드림교회 교회학교 성장의 가장 큰 원동력이 무엇입니까?"
주관적인 소견으로는 드림교회 교회학교에는 한 아이라도 포기하지 않고 끝까지 최선을 다하는 교사가 많다는 것이 가장 큰 특징입니다. 아이들에게 선한 영향력을 행사하는 교사가 많이 있습니다. 성실한 교사를 통해서 아이들이 영적으로, 양적으로 성장하고 있는 것이 드림교회 교회학교입니다. 결국 아이들의 변화와 성숙은 교사들의 몫인 것 같습니다.

물론 이런 일이 쉽게 되지는 않습니다. 교사들이 영향력을 행사하기까지는 엄청난 헌신이 필요합니다. 영아부에는 울며 보채는 아이에게 자기 젖을 물린 교사도 있었고, 집에 아빠가 없어서 얼굴에 그늘이 있고 위축된 아이를 매주 찾아가서 챙기며 자기 자녀처럼 양육하는 교사도 있었습니다.

학생들에게 먹을 것을 사준다고 자신의 한 달 용돈을 기꺼이 사용하며 헌신하는 대학생 교사도 보았습니다. 결국 한 명의 헌신된 교사에 의해서 아이들은 변화되고 달라지는 것이었습니다.

변화를 체험한 학생들에게 질문을 해봅니다.
"지금의 네가 있기까지 어떤 사건이 있었니?"
그러면 모두 공통으로 하는 이야기가 있습니다.
"나를 너무나 사랑해준 선생님, 나를 위해 울어주신 선생님, 나를 주님께 인도한 선생님이 있었습니다."

교사의 힘은 너무나도 막강합니다. 때로는 부모가 못하는 일을 교사들이 합니다. 아니, 부모 이상의 일을 해내었습니다. 때로는 목회자가 못하는 그 일을 교사가 해냈습니다. 목회자보다 더 헌신적이라고 말하고 싶을 정도입니다.

결국 드림교회 교회학교의 핵심은 교사였습니다. 학생들에게 영향력을 행사하는 한 명의 교사였습니다. 한 명의 교사가 살아 있을 때 그 교육 부서에서는 역사가 일어났습니다.

그렇다면 어떻게 해야 우리 교회에서도 이러한 교사를 만들 수 있을까요? 다른 사람은 둘째치고 어떻게 해야 내가 그러한 영향력을 미칠 수 있는 한 명의 교사가 될 수 있을까요? 이는 이 책에서 집중적으로 살펴보고자 하는 주제입니다.

미리 언급하는 것은, 한 영혼을 변화시키는 교사가 되는 게 결코 어려운 일이 아니라는 것입니다. 어찌 보면 누구나 가능한 일입니다. 이 책을 읽고 있는 바로 당신이 그 교사가 될 것입니다!

이 책이 나오기까지 도움을 주신 분들이 많습니다. 나의 든든한 후원자 되시는 드림교회 임만호 목사님, 늘 울고 웃으면서 함께 동역하는 드림교회 부교역자들, 특히 한 팀으로서 움직이는 교육부 사역자들, 늘 보이지 않는 음지에서 최선을 다해서 기쁨으로 섬기는 청소년부 80여 명의 선생님들 그리고 청소년부에 있는 내 제자들에게 감사의 마음을 전합니다.

더불어 헌신적으로 남편을 돕는 사랑하는 아내 정마리, 아빠의 엔도르핀이 되는 아들 다민이 그리고 다시 한 번 큰 웃음을 선사한 우리 늦둥이 딸 설희, 새벽마다 저녁마다 이 아들을 위해서 기도하시는 아버지와 어머니, 장인 장모님께 감사를 드립니다.

이정현 목사

1.
한 교사 마인드
One Teacher

> 처음부터 탁월한 교사가 되는 것은 아닙니다. 세상 어디에도 처음부터 전문가는 존재하지 않습니다. 시간이 흐르면서 자기도 모르는 사이에 만들어집니다.

　총회나 노회에서 교육 세미나를 인도할 때면 마지막에 꼭 이런 말을 듣습니다.
　"우리 교회는 작은 교회라서 그러한 프로그램을 인도할 사람이 없습니다."
　"우리 교회는 개척 교회라서 교사가 몇 명 없습니다. 저희는 어떻게 해야 합니까?"

　이런 질문을 받을 때 생각나는 분이 있습니다. 미국에서 사역할 때 우리 교회는 교인이 50명 정도 되는 작은 교회였습니다. 처음에 교회 청소년 부서를 개척해서 시작하는데, 교사는 딱 2명밖에 없었습니다.

그분들은 부부였는데, 내 기억 속에 그 선생님들이 성경적인 지식이 뛰어나거나 특별히 기도를 많이 하는 모습은 없었습니다. 다른 것보다는, 아이들을 무척 사랑했고 자기 집에 아이들을 자주 초청했습니다.

여름에 몇 안 되는 아이들을 데리고 수련회 준비를 하는데, 내가 프로그램 가지고 고민하자, 직접 자기 친구에게 보트를 빌려, 바다같이 넓은 호수에서 아이들에게 보트를 태워 주면서 큰 행복을 주었습니다.

그 선생님들과 2년 정도 함께 사역했는데, 정말 큰 힘이 되었습니다. 그때 교회 청소년부 교사는 2명밖에 되지 않았지만, 한 번도 교사가 더 필요하다고 생각되지 않았습니다. 그분들로 충분했기 때문입니다.

정말로 교사가 부족한 게 문제일까

보통 우리는 큰 교회, 좋은 시스템, 특별한 프로그램에 관심이 많습니다. 무엇보다 작은 교회에서 사역하는 교역자나 교사는 늘 일할 사람이 없는 것을 가장 큰 고충이라고 합니다.

정말로 한국 교회 교회학교의 문제는 교사가 부족한 데 있을까요? 정말로 사람이 없어서 주일학교가 이 지경에 이르렀을까요?

1597년 8월, 백의종군에서 삼도 수군통제사로 복귀한 이순신은 모든 것을 다시 시작해야만 했습니다. 그가 없었던 5개월간 조선의 수군은 거의 궤멸하였고, 다급해진 선조는 이제 바다를 포기하고 육지 전투에 임하라는 명령을 내렸습니다. 벌써 많은 땅을 빼앗겼고, 이제 바다도 거의 다 빼앗긴 절체절명의 위기 속에서 이순신 장군은 명언을 남깁니다.
"신에게는 아직 열두 척의 배가 남아 있습니다."
그러고는 결국 12척의 배와 수리한 1척의 배로 10배가 넘는 133척의 왜군과 전투를 벌여 대승하게 됩니다. 이게 명량해전입니다.

대한민국 교회학교의 회복은 결코 많은 교사 수에 있지 않습니다. 소수로도 얼마든지 큰일을 할 수 있습니다. 개척 교회에서 헌신하는 한 명의 교사로도 교회학교는 충분히 일어날 수 있습니다. 지금 우리 교회에 있는 바로 그 교사들로 인원은 충분합니다.
하나님께서 일하시는 스타일은 '다수와 함께'가 아닙니다. 오히려 소수입니다. 미디안과의 전투를 앞둔 기드온에게는 3만 2천 명의 군사가 있었지만 하나님의 시선에는 300명이면 충분했습니다.

우리는 많은 교사를 꿈꾸지 말고, 헌신된 한 명의 교사를 찾으면 됩니다. 토인비가 말한 것처럼, 역사 속에서 큰 역할은 다수가 아닌 '창조적 소수'가 해냈습니다. 지금 교회학교에 필요한 것은 결코 많은 교사가 아니라 진짜 교사 한 명입니다. 진짜 교사가 있으면 교회학교는 반드시 변화될 수 있습니다.

지금 한국 교회의 현실 속에서 한 교사보다 더 중요한 것이 없고, 교회 교육을 살리는 유일한 대안은 헌신된 한 교사라고 믿습니다.

보통은 교회 교육을 바꾸기 위해서 세 가지가 필요하다고 합니다. 첫째는 담임목사의 교육에 대한 마인드 구축 및 교육 철학 수립이고, 둘째는 전문 교육 사역자 확충이며, 셋째는 헌신된 교사 발굴입니다.

한국 교회의 현실상 담임목사가 하루아침에 교육 마인드를 갖기는 쉽지 않을 것입니다. 전문교육 사역자를 세우거나 찾는 것은 더 어려울 수도 있습니다. 그러면 가장 현실적인 대안은 훈련되고 헌신된 교사를 세우는 길밖에 없어 보입니다.

현장에서의 경험으로도 때로는 헌신된 교사가 웬만한 사역자보다 낫다는 생각을 하게 됩니다. 우리 교회에서 사역자 혼자 재적 800명의 학생들을 감당할 수 있는 것은 훈련된 교사들이 있기 때문에 가능합니다. 우리 교회 부서의 임원, 팀장, 간사 급의 교사들은 감히 사역자보다 뛰어난 자질을 갖추고 있다고 말하고 싶을 정도입니다. 교회 교육은 신학을 했다고 잘하는 것이 아닙니다.

확실한 교사 한 명만 있다면

세계적인 교회 성장학자인 엘머 타운즈 교수가 처음 주일학교에 나오게 된 것은 지미 브릴랜드라는 교사 때문이었습니다. 초등학교 1학년 때부터 그의 전도를 통해서 교회 주일학교에 첫발을 내딛기 시작했습니다.

지미 브릴랜드 선생님은 초등학교밖에 나오지 않았고, 자기 집과 자동차도 없는 가난한 분이었습니다. 하지만 이 선생님 한 분으로 인해 엘머 타운즈 교수는 14년간 주일학교를 한 번도 빠지지 않게 되었습니다.

엘머 타운즈 교수는 훗날 이렇게 고백합니다.

"아버지가 알코올 중독자였는데, 선생님은 나에게 아버지 역할을 대신해주셨어요. 뿐만 아니라 성경을 가르쳐 주고 기독교 세계관을 심어 주는 등 진정한 목자의 역할을 해주셨습니다."

그가 어린 시절 안 좋은 행동을 하게 되면, 선생님은 "예수님이라면 어떻게 하실까?"라는 질문을 던지면서 진지한 고민을 하게끔 만들었습니다.

엘머 타운즈 교수는 지금의 자신을 만든 최고의 인물로 그 선생님을 꼽고 있습니다. 더욱 대단한 것은 그때 주일학교 같은 반이었던 25명 가운데 19명이 모두 전임으로 기독교 사역을 하고 있다는 사실입니다.[1]

한 명의 교사는 강력합니다. 우리 부서에도 모범이 되는 남자 집사님이 있습니다. 학생들이 이 집사님을 얼마나 좋아하는지 모릅니다. 집사님의 첫인상은 무뚝뚝하고 딱딱한 스타일로 보입니다. 그런데 조금만 지나면 아이들이 그 집사님을 찾습니다.

왜 찾을까요? 아이들은 감쪽같이 선생님의 진심을 파악하기 때문입니다. 이 집사님은 자기 제자들이 있는 학교를 직접 찾아다니면서 간식을 주고 옵니다. 심지어 먼 학교에서 야간 자율학습을 하고 있는 학생에게 가서 햄버거도 직접 전달해주고 옵니다. 뿐만 아니고 자기 제자가 군대에 갔는데, 추석 때 제자의 군대에 면회를 간 적도 있습니다.

이미 졸업한 학생들이 선생님을 다시 찾아옵니다. 심지어 군대 휴가를 나온 제자들이 선생님을 다시 찾아옵니다. 이 반에서 교회

회장이나 임원이 가장 많이 나옵니다. 진짜 미약했던 아이들이 일 년간 이 집사님과 함께하면 완전히 달라진 모습을 보이게 됩니다.

우리는 연말에 교사 평가제를 실시하는데, 이 집사님이 학생들에게 얻는 점수는 매년 가장 높습니다. 이 집사님은 학생들이 가장 가고 싶어 하는 반의 선생님이 되었습니다. 심지어 부모들이 청탁을 해서, 꼭 이 집사님 반에 자기 아이를 넣어 달라고 할 정도입니다.

한 교사의 힘은 어마어마합니다.

교회학교가 잘 안 되는 곳을 방문해보면, 주로 부정적인 말을 많이 합니다.

"우리는 안 됩니다. 우리 부서는 힘듭니다. 지금 이 인력으로 무엇을 합니까? 이 예산으로 무엇을 합니까? 교회에서 관심도 갖고 있지 않습니다. 우리 교회학교는 소망이 없습니다."

혹시 지금 이러한 마음을 갖고 있는 분이 있다면, 꼭 이 말을 하고 싶습니다.

"한 명의 교사만 있으면 할 수 있습니다."

교회에 그 한 명의 교사가 지금 없습니까? 그렇다면 당신이 그 한 명이 되십시오. 어디서 찾으려고 하지 말고 당신이 그 한 명이 되면 됩니다.

목회자들 가운데 지금 부서에 교사가 전혀 없어서 고민하는 분이 있습니까? 그렇다면 당신이 먼저 교사가 되십시오. 그 한 명이 바로 당신이 되는 것입니다. 누구를 세우거나 만들려고 하지 말고, 당신이 먼저 그 한 교사가 되십시오.

그 한 명의 교사가 바로 내가 되길

교회학교의 변화는 우리의 목표의 변화에서 시작되어야 합니다. 바로 당신의 목표를 이렇게 바꾸는 것입니다.

"내가 우리 교회학교를 변화시킬 한 명의 교사가 될 수 있다."

우리 교회학교를 변화시킬 그 한 명의 교사가 바로 내가 되길 소원하고 기도하는 것이 우리에게 먼저 필요합니다.

지난 겨울 수련회 때 강사로 오신 목사님이 고민을 말했습니다. 자신은 한 교회에서 중등부를 7년째 하는데, 매너리즘에 빠져서 힘들다는 것입니다. 그러면서 질문했습니다.

"목사님은 어떻게 22년간 청소년 사역만 쭉 하실 수 있습니까? 어떻게 다른 교회와 사역자들에게 영향력을 행사하는 사역자로 계속 일하실 수 있습니까?"

솔직히 이러한 질문에 대한 고민을 한 번도 해본 적이 없었습니다. 그냥 하다 보니까 여기까지 온 것 같습니다. 처음부터 잘하지도 않았을 뿐더러 청소년 사역을 초기에 2년 하고는 다시는 이 사역을 안 한다고 선포했던 사람입니다. 그런데 점점 아이들을 사랑하고 예뻐하니까 하나님께서 여기까지 이끄신 것 같습니다.

처음부터 탁월한 교사가 되는 것은 아닙니다. 세상 어디에도 처음부터 전문가는 존재하지 않습니다. 시간이 흐르면서 자기도 모르는 사이에 만들어지는 것 같습니다.

우선은 우리 스스로가 목표를 바꾸는 게 좋습니다. 내가 우리 교회에 가장 필요한 그 한 명의 교사가 될 수 있다는 마음을 갖는 것입니다. 이왕 교사하는 것, 아이들이 가장 좋아할 만하며, 선한 영향력을 행사할 수 있는 교사가 되게 해달라고 기도하는 것입니다. 그러다 보면 어느 순간 내가 그 충성된 교사가 되어 있을 것입니다.

어떤 탁월함이나 특별한 달란트가 없어도 괜찮습니다. 주님을 사랑하면서 아이들을 주님의 마음으로 사랑하는 사람이면 됩니다. 눈에 보이는 당장의 성과가 없더라도 꼭 필요한 교사가 될 수 있습니다. 유명한 다음 이야기의 주인공이 바로 당신이 될 수 있습니다.

1858년 보스턴 어느 교회에 킴빌이라는 주일학교 교사가 있었습니다. 그는 구둣방에서 일하는 한 학생을 주님께 인도하였고, 나중에 그 사람이 교사가 되었습니다. 그가 바로 유럽과 미국에서 복음을 전파한 전도자 무디입니다. 21년 후 무디가 런던에서 전도집회를 할 때 그곳에 참석한 메이어가 무디의 동역자가 됩니다.

이후 메이어가 미국에 건너가 집회를 하는데, 채프만이 회심을 하게 됩니다. 채프만 역시 순회 설교자가 되어서 사역을 하던 중, 한 메이저리그 야구 선수가 그의 메시지를 듣고 회심하는데, 그의 이름이 빌리 선데이였습니다.

나중에 빌리 선데이 또한 엄청난 복음전도자가 되었습니다. 하루는 빌리 선데이가 강사로 초청되어 3주간 전도 집회를 하였는데, 아무런 결신자가 나오지 않았습니다.

그러다가 단 한 명의 결신자가 나왔는데, 그는 12살짜리 소년이었습니다. 그 12살짜리 소년이 나중에 전 세계에서 수백 명의 영혼을 주님께 인도한 복음 전도자 빌리 그레함 목사입니다.

당신이 빌리 그래함처럼 유명한 목사나 복음 전도자가 될 수는 없을지라도, 한 영혼을 주님께로 인도한 킴빌 선생님은 될 수 있습니다. 결국 엄청난 일의 시작은 한 교사로부터 시작되는 것입니다.

이런 것을 가리켜서 한 교사의 힘이라고 합니다.

아직도 사람이 없다고 한숨과 푸념을 내뱉고 있습니까? 당신 혼자서도 엄청난 일을 할 수 있다는 사실을 기억하십시오. 제대로 된 교사 한 명만 있어도 교회학교는 살아 움직일 수 있다는 사실을 기억하십시오.

2.
소명의식
Calling

> 보통 사대나 교대 쪽에서 졸업 때 받는 학위명은 문학사(Bachelor of Arts)인데, 영어로 B. A.로 줄여서 사용합니다. 교회학교 교사들에게도 이러한 B. A. 학위가 필요합니다.
> 그것은 바로 Born Again(거듭남)을 뜻합니다.

    드림교회 교회학교의 가장 베테랑인 부장 선생님들에게 다음과 같은 질문을 해보았습니다.
    "부장님은 어떻게 교사가 되었나요?"

    공통적으로 나온 답변은 이렇습니다.
    "교사 집사님이 추천해서, 교회 선생님이 반강제적으로 시켜서, 주변 분위기에 편승해서 나도 모르게, 목사님의 권유에 의해서, 교회에 사람이 없다고 하니까 어쩔 수 없이 하게 되었습니다."
    아마 대부분의 교사들도 비슷한 연유로 교사가 되었고, 시간이 지나다 보니 임원도 맡고, 부장 역할도 하게 되었을 것입니다.

필요한 교사와 필요 없는 교사

흥미로운 사실은 교사가 되는 동기는 비슷하지만 나중에 어떤 사람은 좋은 교사가 되어 있고 어떤 사람은 그렇지 못하다는 것입니다. 사역자 입장에서 보면 교회 안에는 필요한 교사가 있고, 필요 없는 교사가 존재하고 있습니다.

홍민기 목사님은 필요 없는 교사를 네 가지 유형으로 말합니다.[2]

첫째는 주일이 너무 빨리 온다고 생각하는 교사입니다. 이 유형의 교사들은 세상일에 너무 빠져서, 주일에 반 아이들 만날 생각을 하니까 머리가 아파지는 부류입니다.

둘째는 학생들이 분반공부가 끝나기만을 기다리게 만드는 교사입니다. 유익한 분반공부를 위해서는 교사의 노력이 필요합니다. 우선 학생들과 친한 관계성이 필요합니다. 그리고 성경 연구를 하면서 아이들 코드에 맞추는 노력을 해야 합니다.

셋째는 학부형을 전혀 존경하지 않는 교사입니다. 사역에 부모를 편입시키면 교육 부서 일은 무척 수월해집니다. 그럼에도 불구하고 부모와 연락하지 않고 관계 형성을 하지 않는 교사들이 있습니다.

넷째는 반의 숫자가 줄어드는 교사입니다. 신기하게도 반을 맡은 지 한 달 안에 반토막을 내는 교사가 있습니다. 아이들이 결석하거나 떨어져 나가면, 즉각 반응하고 움직여야 합니다. 바로 전화하고 만나 전후 사정을 이해해야 합니다.

우리 부서에 꼭 필요한 교사와 그렇지 않은 교사의 차이는 어디에 있을까 고민했습니다. 그것은 바로 소명의식에 있었습니다. 꼭 필요한 교사들은 교회의 다른 일은 다 내려놓아도 교사의 직분은 절대 내려놓지 않습니다. 우리 교회 청년들 가운데 대학교를 서울, 부산, 대구, 광주 등 먼 타지로 다님에도 불구하고, 4년 내내 매주 내려와서 봉사를 하는 교사들이 있습니다.

왜 이러한 고생을 사서 할까요? 때로는 믿는 부모조차도 반대합니다. 매주 내려오면 경비도 만만치 않고, 에너지도 많이 소모되기에 부모들이 걱정합니다. 그런데 왜 이들이 매주 내려오고 있을까요? 바로 사명감 때문에 그렇습니다. 나는 여기서 교사의 직분을 반드시 감당해야 한다는 사명감이 있으니 힘들어도 오는 것입니다.

교회 안에 필요 없는 교사들에게는 이러한 사명감이 전혀 없습니다. 그냥 교사를 하고 있고, 자리를 지키는 정도입니다.

교사의 소명의식은 어디에서 올까?

그렇다면 교사의 소명의식은 어디서 오는 걸까요? 하루아침에 하나님이 계시를 통해서 소명을 말씀해주시면 좋겠지만, 이런 케이스는 본 적이 없습니다. 앞에서 언급한 것처럼, 처음에는 비슷한 동기에서 교사를 시작합니다. 그런데 나중에 결과를 보면 어떤 교사에게는 소명의식이 있고, 또 다른 교사에게는 없습니다.

교사의 소명의식은 두 가지에서 온다고 봅니다.
첫째는 구원에 대한 확신입니다. 세상에서 공립학교 교사가 되려면 해당 전공 분야의 학사학위가 필요합니다. 보통 사대나 교대 쪽에서 졸업 때 받는 학위명은 문학사(Bachelor of Arts)인데, 영어로 B. A.로 줄여서 사용합니다. 교회학교 교사들에게도 이러한 B. A. 학위가 필요합니다. 그것은 바로 Born Again(거듭남)을 뜻합니다.
교회에서 누군가를 가르치기 위해서는 반드시 내가 주님을 인격적으로 만난 체험이 있어야 합니다. 거듭남 없이 교사를 하고 있다면 당장 그만둬야 합니다. 구원에 대한 확신이 없는 사람은 아무리 교사를 오래 해도 소명의식이 생길 수 없습니다. 먼저 예수 그리스도를 인격적으로 만나시고 나중에 교사를 하십시오.

둘째는 영혼 사랑에 대한 마음이 소명의식을 만들어 냅니다. 교회에서 간혹 "교사를 왜 해야 하는지 모르겠다."라고 하시는 분을 보게 됩니다. 그런데 이런 사람의 공통된 특징은 영혼을 사랑하는 마음이 없습니다. 영혼 사랑에 대한 마음은 처음부터 생길 수도 있고, 나중에 어떠한 계기를 통해서 만들어질 수도 있습니다.

분당우리교회 이찬수 목사님의 경우, 미국에서 정착해서 잘 살고 있는데 우연히 본 한국 일간지를 통해 마음이 움직이게 되었습니다. 학교 교실 안에서 학부모가 교사의 머리를 쥐어 잡고 끌고 나오는 장면을 보는 순간, '내가 여기에 있어서는 안 되겠구나.'라는 생각이 들었다고 합니다. 한국에 있는 아이들이 불쌍해서 견딜 수 없었고, 신문만 읽으면 눈물이 하염없이 나왔습니다. 결국 저렇게 불쌍한 교육 환경에 있는 아이들을 위해 내가 헌신하고 희생하자는 마음으로 한국 땅에 들어와, 청소년 사역을 하게 되었다고 합니다.[3]

결국에는 한국에 있는 청소년 영혼에 대한 사랑의 마음이 지금의 이찬수라는 목회자를 만들어 낸 것입니다. 그의 나이 29세에, 소명에 대한 확신이 들었다는 고백을 했습니다.

아직 소명의식이 없다면

누가 더 훌륭한 교사인가? 여기에 대한 척도 역시 단 한 가지입니다. 영혼을 사랑하는 마음이 큰 사람이 더 훌륭한 교사입니다. 지금도 반 아이들 이름을 불러 가면서 기도할 때 눈물과 콧물로 범벅

이 된다면, 당신은 영혼을 사랑하는 교사임에 틀림없습니다.

교회학교 교사는 영혼을 사랑하는 마음으로 강력한 소명의식을 갖고 있어야 제대로 그 직분을 감당할 수 있습니다. 인간적인 생각으로는 유명 가수나 영화배우 같은 사람이 교사를 하면 아이들이 더 좋아할 것 같은데, 현실은 그렇지 않습니다. 명문대를 나와서 사회적인 인지도가 높은 사람이 교회를 이끌면 인기가 있을 것 같은데, 절대 그렇지 않습니다.

『아이들이 교회로 몰려온다』에 다음과 같은 이야기가 나옵니다. 저자가 수영로교회에서 부교역자로 사역할 당시, 서울대 법대 출신의 검사가 교회에 등록하였고, 담임목사의 권면에 의해 고등부 교사로 섬기게 되었습니다.

서울대 법대 출신의 검사가 교사를 하자, 온 부서의 학생과 교사가 그에게 집중하였습니다. 하지만 결국 그는 중도 하차하게 되었습니다.

왜 그랬을까요? 그에게는 소명의식이 없었기 때문입니다. 구원에 대한 확신과 영혼 사랑의 간절한 마음이 없으니, 세상에서 최고로 잘나가도, 교회학교에는 불필요한 존재가 된 것입니다.

오히려 이때, 부산 광복동에서 구두닦이 일을 하는 집사님은 반대 케이스로 교사의 직분을 매우 잘 감당하였습니다. 비록 세상에서 알아주는 직장에 다니지는 않았지만, 영혼을 향한 사랑이 매우 컸기 때문입니다. 그 집사님은 매주 직접 만든 전도지로 아이들을 전도하였고, 나중에 그 반은 50명이나 모이는 반이 되었습니다.[4]

교사는 반드시 소명의식이 있어야 합니다. 소명의식은 영혼을 사랑할 때 내 안에서 생겨나게 됩니다. 그래서 영혼을 사랑하고 교사의 직분을 감당하는 교사는 소명의식을 묻는 질문들에 자신 있게 "네."라고 답변할 것입니다. 당신도 소명의식을 확인하는 질문에 답해보십시오. 모두 "네."라고 답변할 수 있다면, 충분히 소명의식이 있다고 볼 수 있습니다.

소명의식 확인 질문

1. 나는 교사의 직분을 통해서 하나님을 기쁘시게 하고 있는가?
2. 나는 교회 안에서 다른 어떠한 일보다 교사의 직분에서 가장 큰 기쁨을 얻고 있는가?
3. 나는 토요일이 되면 주일에 만날 아이들로 인해 기쁨이 충만한 상태가 되는가?
4. 다른 학생이나 동료가 교사를 하는 내 모습이 가장 좋아 보이고 어울린다고 말하고 있는가?

유명한 설교자 스펄전 목사도 『영혼 인도자에게 전하는 글』에서 교사들에게 가장 중요한 것은 영혼을 사랑하고 살리는 일이라고 말했습니다.[5]

주일학교 교사들에게

사랑하는 교사들이여, 부차적인 유익이나 새로운 깨달음을 주는 것으로 만족하지 말라. 여러분의 임무는 어린 아이들에게 성경을 읽는 법이나 도덕적 의무, 심지어 문자적인 복음을 가르치는 것이 아니다.

여러분의 가장 고귀한 소명은 하나님이 사용하시는 도구가 되어 죽은 영혼들에게 하늘의 생명을 가져다 나르는 것이다. 어린아이들이 죄 가운데 죽어 있는 상태라면, 아무리 주일에 성경을 많이 가르친다 하더라도 아무 소용이 없다.

일반 학교 교사는 어린 학생이 상당한 지식을 습득하는 데서 가르친 보람을 느낄 것이다. 그러나 주일학교 교사는 "허물로 죽은 우리를 그리스도와 함께 살리셨고"(엡 2:5)라는 말씀대로 어린아이들의 영혼이 살아나지 않는다면, 설령 그들이 존경받는 시민으로 성장해 은혜의 수단에 정기적으로 참여한다 하더라도 하늘을 향해 부르짖는 기도가 응답되었다고 생각할 수 없을 것이다.

한때 세계 최대의 주일학교를 자랑했던 부산 서부교회의 경우도, 다른 교회와 가장 크게 차별화되는 부분이 영혼 사랑의 마음에 있었습니다.

부산 서부교회 교회학교 교사들은 교사를 자기 본업으로 생각하고 자기 직장을 부업으로 생각할 정도였습니다. 서부교회 장로들은 교회에서 자신의 첫 번째 직책이 교사이고, 장로는 부수적인 것으로 생각할 정도였습니다.

영혼을 간절히 사랑하는 마음이 있기에 온 교사가 새벽 예배에 나와 부르짖으면서 기도하고, 한 영혼이라도 더 잡으려고 아침 일찍부터 아이를 데리러 다녔던 것입니다. 특별한 교회, 특별한 교회학교에는 다른 것보다 교사라는 소명의식이 큰 것을 보게 됩니다.

소명의식이 바로 안 생길 수도 있습니다. 그렇다고 교사를 그만둘 필요는 없습니다. 처음부터 소명의식을 갖고 교사직을 감당하는 사람도 있지만, 교사를 한 지 한참 지난 다음에 소명의식이 생기는 사람도 있습니다. 아직 소명의식이 없다면, 먼저 기도하십시오.

'하나님, 지금 저에게 필요한 소명의식을 주옵소서. 내 안에 무엇보다도 한 영혼을 향한 뜨거운 열정을 주옵소서.'

시간은 걸리더라도 반드시 당신 안에도 그 소명의식이 생길 것입니다.

3.
인내
Patience

> "어찌 보면, 우리 아이들도 진정으로 변화되고 싶어 합니다. 단지 자신에게 변화를 일깨워 줄 선생님이 없어서 변화되지 못한 것일 수도 있습니다. 자신에게 조금만 더 인내를 가지고 지켜봐 줄 선생님을 찾고 있는 상황일 수 있습니다."

    한국 교회 교육의 현실을 보면 영혼을 사랑하는 마음을 갖는 게 무척 힘듭니다. 선생님들에게 "아이들 좀 사랑하십시오!"라고 하면, 선생님들은 아마도 "목사님, 사랑하고 싶어도 아이들이 사랑할 만한 행동을 해야지요?"라고 반문할 것입니다.

    얼마 전 주일에 본 50대 남자 선생님의 안색이 매우 안 좋았습니다. 이유인즉, 분반공부 후에 반 아이들과 맛있는 것을 먹으러 가기로 약속을 했는데, 아이들이 잠깐 사이에 전부 사라져버린 것입니다. 사라졌다기보다는 모두 도망을 간 것입니다. 선생님은 아이들에게 헌신하려고 준비해왔는데, 그 마음도 모르고 아이들이 다 가 버린 것입니다.

이러한 선생님들의 모습을 보면 꼭 선생님만 아이들을 짝사랑하는 듯 보입니다. 상대방은 아무런 반응도 없는데 나 혼자 좋아하고 있는 짝사랑을 선생님만 계속하고 있는 것처럼 보입니다.

짝사랑은 참 힘듭니다. 희망을 갖고 있지만 기약이 없는 게 짝사랑입니다. 선생님의 짝사랑 기간이 계속 늘어나면 선생님은 결국 지치게 됩니다. 아무리 사랑해줘도 변화의 기색이 안 보이는 아이들의 모습이 이제는 선생님에게 상처가 됩니다. 결국 교사를 그만두고 싶은 마음이 생기게 됩니다. 이러할 때 어떻게 해야 할까요?

교사 자신에 대한 인내

이찬수 목사님은 교육의 핵심을 인내(기다림)라고 했습니다.[6] 이 기다림은 두 가지 차원이 있습니다. 첫 번째는 바로 교사 자신에 대한 인내입니다. 철부지 아이들이 변화되길 기다리는 것이 아니라 교사 자신이 변화되길 기다리는 것입니다. 이러한 이유 때문에 참 교사가 되기까지 시간이 필요한 것 같습니다.

청소년 사역을 하는 지금 나름 베테랑이라는 소리를 듣고 있지만, 초창기 내 모습을 보면 엉망이었습니다. 나름 카리스마가 넘치는 스타일이어서, 아이들이 말을 듣지 않으면 버럭 화를 냈고, 청소년부실이 더럽다는 이유로 한 달간 폐쇄 조치를 한 적도 있습니다. 어떤 학생은 너무 버릇이 없기에, "내가 너 같은 것 때문에 이 사역을 하는 줄 아느냐?" 이런 격한 표현을 써 가면서 아이들을 막 대했던 기억이 있습니다.

하지만 내가 화를 내도 아이들은 달라지지 않았습니다. 오히려 화를 안 내는 사람으로 바뀔 때, 비로소 아이들이 달라졌습니다. 나의 욱하는 기질과 성격을 버리고 화를 참는 데까지 최소 10년 이상 걸린 듯합니다. 교사가 참 교사가 되기까지 긴 시간이 필요합니다. 교사는 자기 자신에 대한 기다림이 필요합니다.

다른 것보다 자기 자신에 대해 참고 기다려 주는 일은 참 힘듭니다. 한국의 교회학교를 들여다보면, 고의적으로 나쁘게 행하거나 이상한 선생님은 거의 없어 보입니다. 늘 행복하게 교사 직분을 감당하는 선생님도 많아 보이지는 않지만, 실제로 많은 교사들이 정말 노력하며 헌신하고 있습니다.

그런데 아이들은 이러한 교사의 마음을 몰라주고 있으니 속이 터질 수밖에 없습니다. 교사가 아무리 노력해도 아이들이 이 핑계 저 핑계를 대며 교회를 안 오는데, 담당 교역자는 결석이 많다고 다그치기만 합니다.

'교사가 이렇게 힘든 사역이라는 것을 알았으면 시작도 안했을 텐데.'라는 생각을 하면서 이번 주일도 힘겹게 교회에 가는데, 담임 목사님도 교사의 마음을 전혀 알아주지 않습니다. 그러니 교사로 섬기는 일이 힘들 수밖에 없습니다.

반 학생들, 교역자, 담임목사 모두 당신의 마음을 알아주지 못해도, 주님은 모든 것을 아십니다.

> 여호와는 마음을 감찰하시느니라(잠 21:2).

사람은 알아주지 않지만 주님은 알아주십니다. 사람은 칭찬하지 않지만 주님은 '착하고 충성된 종'이라고 칭찬하십니다.

> 착하고 충성된 종아 네가 적은 일에 충성하였으매 내가 많은 것을 네게 맡기리니 네 주인의 즐거움에 참여할지어다(마 25:21).

사람이 다 알아주지 못해도 교사로 섬기는 내 모습을 주님이 다 알고 계신다는 사실을 확인하는 순간, 기도하면 눈물이 나옵니다. 바로 그런 순간에 성령께서 교사의 마음을 만져 주시는 것입니다.

이러한 상황이 반복되면서 교사는 달라지기 시작합니다. 그냥 매주 마음 졸이고 사역하며 눈물 흘리면서 현장을 지켰을 뿐인데 시간이 지나면서 내 스스로가 달라지는 것입니다.

지금 우리 교회학교 선생님들에게 필요한 것은 자기 스스로가 달라질 때까지 기다리는 것입니다.

비행 청소년 사역(일명 양아치 사역)으로 유명한 이요셉 목사님을 만나 대화해보니, 그분은 교회에서 주로 비행 청소년을 상대로 사역을 했었습니다.

비행 청소년들은 보통 친구가 많기에, 어느 순간에 청소년부가 비행 청소년들로 인해서 큰 양적 성장을 이루게 되었답니다. 그런데 교회의 중직자들은 이러한 성장을 반기지 않았다고 합니다. 기존에 있던 중직자 자녀들이 싫어했기 때문입니다.

결국 당회에서 이요셉 목사님에게 교회를 선택할지, 아이들을 선택할지 정하라고 했습니다. 목사님은 아이들을 선택하고 교회를 나왔습니다. 비행 청소년들을 데리고 교회를 개척한 것입니다.

사역을 하면서 너무 힘들어 몇 번이나 후회하고 포기하고 싶은 마음이 들었다고 합니다. 아무리 노력해도 아이들이 달라지지 않았기 때문입니다.

이요셉 목사님은 세상에서 버림받은 그 아이들 때문에 자신의 목회 방향을 바꾸고 헌신하면서 그들과 함께하게 되었는데, 아이들은 그런 목사의 마음을 알아주지 못합니다. 그 과정에서 아이들이 변화되기 전에 목사님이 먼저 변화되었다고 합니다.

언제 참 교사가 될 수 있을까요? 바로 내가 변화를 경험할 때입니다. 변화될 때까지는 스스로에 대한 기다림, 인내가 필요합니다. 시간을 가지고 인내로써 이 사역을 계속하다 보면, 나도 모르는 사이에 훌륭한 교사로 변신된 자신의 모습을 마주하게 될 것입니다.

아이들을 향한 인내

두 번째는 아이들을 향한 인내가 필요합니다.
우리 교회에 부장급 교사들에게 교사의 가장 중요한 자질을 물었더니, 거의 모든 분이 동일한 답변을 하였습니다.
"무엇보다 인내가 필요하지요."
그 말은 아이들이 쉽게 변화되지 않기에 참고, 또 참아야 한다는 것입니다.

일본에서 매일 밤길을 걸으면서 방황하는 청소년들을 돌보는 일을 하는 미즈타니 오사무 교사가 있습니다. 그는 초저녁에는 학교 교사로 재직하고 심야에는 아이들을 만나러 다녔는데, 12년간 무려

5천 명의 비행 청소년들을 만났고, 그들을 극진히 보살폈습니다. 그가 만난 아이들은 주로 가출한 학생, 원조 교제하는 학생, 오토바이 폭주족, 조직 폭력배 그룹이었습니다.

그는 아이들에게 시간이 걸려도 괜찮으니 살아만 있으라고 말했습니다. 나중에 학생들에게 물으니, 미즈타니 선생님이 가장 많이 한 말은 이것이었습니다.

"괜찮다."

학생들이 파출소로 끌려와도, 가장 먼저 하는 말은 "괜찮다."였다고 합니다. 학생들은 선생님의 "괜찮다."라는 한 마디 말이 자신을 구원했다고 합니다.[7]

미즈타니 선생님의 "괜찮다."라는 말은 아이들을 향한 한없는 인내 속에서 나온 말입니다. 그리고 같은 범죄를 반복하고, 또 파출소로 반복해서 끌려오는 아이들을 향해서 끊임없는 인내심을 가질 때, 결국 아이들이 변화되었다고 합니다.

이른바 문제아들을 향한 접근의 기본 틀은 교회 밖이나 안이나 동일합니다. 우리 교회 중3 가운데 문제아들이 좀 있었습니다. 무려 열두 명인데, 이 친구들이 중등부 수련회에 모두 참석하여서 수련회를 초토화시킨 적이 있습니다.

아무도 이들을 통제할 수 없었습니다. 물론 나중에 나름 변화와 결단을 다짐하였고, 이후로 교회에서는 이 아이들을 이열(이정현의 열두제자)이라고 부르게 되었습니다.

이열 무리 가운데 정수(가명)라는 학생이 있는데, 교회를 잘 나오지 않아서 계속 교회 좀 나오라고 연락했습니다. 여느 때처럼, 주일 아침이 되어서 또 정수에게 연락을 취했습니다. 제발 불법 아르바이트 그만하고 교회로 오라는 내용을 보냈습니다. 그랬더니 정수가 페이스북으로 다음과 같은 메시지를 보냈습니다.

> 시발 내 인생에서 꺼지고 신고하지 마
> 시발놈이 존나 앵간 건드려야지
> 처음에 상종을 안해야 돼 그니깐 사람 사이가 중요한 거야
> 시발아 신고하면 뒤진다
> 시발 놈아
> 어린놈한테 욕먹고 댕기니깐 좋지?
> 응도에 경찰 뜨면 니 대가리 후리러 간다

이 메시지는 내가 주일에 설교하기 5분 전에 받은 것입니다. 이후에 이러한 내용을 알고 다른 '이열' 친구들에게 연락이 왔습니다.

자신들에게 맡겨주면, 정수를 패든지, 묻든지(?), 조폭 형님께 보내든지 하겠다는 나름 나에 대한 감사의 제안들이었습니다.

그때 그 친구들에게 물었습니다.
"정수를 패면 정수가 과연 달라질까?"
"정수를 묻으면 정수가 변할까?"
아이들은 아무런 대꾸를 하지 못했습니다. 그들도 알고 있는 겁니다. 때려서 변화될 친구가 아니라는 것을.

시간이 몇 달 지났습니다. 여름 수련회 때가 되자, 이열 친구들이 이번에도 모두 수련회 참가신청을 하게 되었습니다. 저번 수련회 때처럼 큰 불상사는 없었지만, 아이들이 그다지 달라지지는 않은 것 같았습니다.
수련회가 다 끝난 후에 아이들이 내게 쓴 롤링페이퍼를 하나씩 읽어 보았습니다. 거기서 내 눈을 믿을 수 없는 정수의 글을 읽게 되었습니다. 나는 눈물을 글썽이며 한참 동안 그 글에서 시선을 떼지 못했습니다. 정말 놀랐습니다.

지금까지 저는 목사님께 무례한 행동을 많이 했지만, 목사님께서 제게 "다 좋아질 거야." 등등 저에게 좋은 말만 해주셨습니다. 이번

여름 수련회 때 준원이 형한테 이야기를 들었습니다. 제가 저번에 목사님에게 심한 욕을 했을 때 준원이 형이 절 엄청 많이 혼내려다가 목사님께서 준원이 형에게 "준원아, 내가 정수를 제자로 키울 것이다."라는 말을 했다고 들었습니다. 목사님, 많이 죄송하고 존경스럽습니다. 저도 잘 커서, 목사님의 진정한 제자가 되겠습니다.
— 정수 드림

아이들에게 철이 없느니 속이 없느니, 그런 표현을 우리는 자주 합니다. 그렇지만 아이들도 알 것은 다 알고 있는 것입니다. 한순간 자기도 모르게 좋지 않은 행동을 한 것일 뿐이고, 마음속으로 뉘우치고 있는 것입니다.

많은 아이들을 보면서 느끼는 것은 혼내서 변화되는 아이는 없다는 것입니다. 비난과 폭력으로 바뀌는 아이도 없다는 것입니다.

인내라는 것은 비단 문제아들에게만 필요한 것이 아니라 모든 아이들을 향해서 필요한 것입니다.

한번은 연말에 어떤 교사가 교사직을 그만둔다고 했습니다.

"선생님, 왜 그만두려고 하세요?"

"아이들이 도무지 반응이 없어요. 제가 교사를 해봤자 아무런 변화나 역사가 일어나지 않더라고요. 이제는 그만두는 것이 맞는 것 같아요."

그런데 그분이 한 주 후에 마음을 바꿔 계속 교사를 하겠다는 연락을 했습니다.

"정말로 올해까지만 교사를 하고 그만두려고 했는데, 갑자기 한 학생에게 '선생님, 1년간 감사했습니다.'라는 문자를 받았어요. 평소에 아무런 반응도 없고, 대꾸도 하지 않았을 뿐만 아니라 제 문자에 한 번도 답장을 하지 않던 아이가 보낸 문자거든요."

이 학생의 감사 표현이 그 선생님의 마음을 변하게 한 것입니다. 그 이후 계속 교사로 섬기고 있는데, 정말 탁월하게 교사 직분을 감당하고 있습니다.

우리가 볼 때는 아이들이 우리의 말을 듣지 않는 것처럼 보이지만, 그들은 다 듣고 있습니다. 아이들이 보지 않는 것처럼 보이지만, 사실은 다 보고 있습니다. 아이들이 생각하지 않는 것처럼 보이지만, 나름대로 다 생각하고 있습니다.

나는 우리 아이들을 볼 때마다 떠오르는 그림이 하나 있습니다. 바로 빙산입니다. 빙산은 물 위에 돌출된 부분은 작지만 물 아래 잠겨져 있는 얼음 부분은 무척 큽니다.

지금 아이들의 모습에서 신앙이 돌출된 부분은 아주 작은데, 우리는 그것이 전부인 양 아이들을 평가할 때가 있습니다. 그런데 교사들이 보지 못하는 부분이 아이들에게 있다는 것입니다. 그리고 시간이 지나면 지날수록 그 숨겨진 부분들이 조금씩 위로 올라오게 됩니다. 이것 때문에 우리에게 필요한 것은 인내입니다.

어디까지 인내해야 할까?

우리 교회의 한 교사는, 일 년간 고등학생들을 담임하면서 너무나도 분통이 터졌다고 합니다. 자신은 그렇게 바쁜 와중에 시간을 내서 학생들을 위해 최선을 다해서 가르쳤는데, 학생들은 어떠한 변화도 없었습니다. 무엇보다도 학생들 한 명 한 명의 인생이 불쌍해보였다고 합니다.

'과연 저런 아이들이 사회생활이나 제대로 할 수 있을까?'
'저런 학생들이 인생살이나 제대로 할까?'
이런 마음이 계속 들어서 학생들과 헤어지기 전 주에 특단의 조치를 취했습니다. 자신이 맡은 반 학생들에게 각각 A4 용지 세 장 분량의 편지를 쓰기 시작했답니다.
장문의 편지 안에는 학생 개개인의 특징을 쓰고, 인생을 지금처럼 살면 안 된다는 따끔한 충고도 곁들였습니다.

  헤어지는 날, 준비해놓은 편지를 학생들 한 명 한 명에게 전달하고 집에 왔습니다. 그리고 저녁이 되었는데 한 남학생에게 이런 연락이 왔습니다.

  저 선생님 편지 받고 펑펑 울었어요. 지금까지 태어나서 저를 이렇게 생각해준 선생님은 처음이었어요.

  우리 아이들은 충분히 깨달을 수 있습니다. 어찌 보면, 우리 아이들도 진정으로 변화되고 싶어 합니다. 단지 자신에게 변화를 일깨워 줄 선생님이 없어서 변화되지 못한 것일 수도 있습니다. 자신에게 조금만 더 인내를 가지고 지켜봐 줄 선생님을 찾고 있는 상황일 수 있습니다.

  아이들이 한순간에 변화되는 것은 힘들지만, 계속 인내하면 언젠가는 변화됩니다. 그 믿음이 있을 때, 교회학교의 참 교사가 되는 것입니다.

  또한 지금 우리 반 학생들에게 열매가 없어 보여도 절대로 실망할 필요가 없습니다. 아이들에게 어떠한 변화가 없는 것처럼 느껴져도 실망할 필요가 없습니다. 당신의 노력과 헌신과 땀은 결코 헛

되지 않습니다.

1892년 평양에 선교하러 온 토마스 선교사는 아무것도 하지 못하고 그냥 참수 당해서 죽었습니다. 그러면 그의 죽음이 헛된 것입니까?

토마스 선교사가 아무것도 안 하고 죽은 것처럼 보일지도 모르지만, 결국 그가 가지고 온 성경책을 통해서 그를 참수한 박춘권 씨가 교회 장로가 되었습니다. 또한 그 성경책을 받은 소년과 사람들은 교회의 지도자가 되었습니다. 후에는 급기야 평양 대부흥운동이 일어나지 않았습니까?

고린도전서 말씀을 기억하십시오.

> 나는 심었고 아볼로는 물을 주었으되 오직 하나님께서 자라나게 하셨나니 (고전 3:6).

당신의 역할은 그냥 씨를 뿌리거나, 심는 것일 수 있습니다. 당신은 그냥 물을 몇 번 준 것일 수도 있습니다. 지금 열매가 맺히지 않았다고 해서 절대로 실망할 필요가 없습니다. 열매는 하나님께서 맺게 만드십니다.

지금 우리나라 교회학교 선생님들에게 필요한 것은 첫째도 인내,

둘째도 인내입니다. 조금만 참으면 열매는 반드시 나타나게 되어 있습니다.

평소 친하게 교제하는 목사님이 있는데, 대학 시절 서울의 모 대학교에 가서 매주 노방 전도를 한 분입니다.

그분은 누군가 홀로 있는 학생이 있으면 양해를 구하고 일대일로 대화를 하고 복음을 제시하는 스타일의 노방 전도를 하였습니다. 보통 대학생들에게 대화를 시도하면 90퍼센트 이상은 거절하기 일쑤입니다.

하루는 캠퍼스에서 한 형제를 만나서 전도를 하게 되었는데, 이 친구가 너무 이야기를 잘 들었습니다. 그러고는 곧장 그 자리에서 영접 기도까지 하는 놀라운 역사가 일어났습니다.

그 순간에 이 목사님은 자신이 이제는 큰 능력을 받았다고 생각했답니다. 바로 그때 이 형제가 이런 말을 했습니다.

"형, 오늘 형을 만나는 그 순간에 갑자기 세 명의 얼굴이 떠올랐어요. 제가 태어나서 교회를 딱 세 번 갔는데, 그때마다 만났던 선생님들이 오늘 형이 저에게 들려준 그 예수님의 십자가 이야기를 들려줬거든요. 그래서 오늘은 왠지 이 이야기를 받아들여야겠다는 생각이 들었어요."

하나님의 일하심은 참으로 놀랍습니다. 교회에 새로운 학생이 와서 기쁘게 그 학생을 맞이하고 짧은 시간 복음을 전했던 첫 번째 선생님은 그다음 주부터 그 학생이 보이지 않아서 상심했을지 모릅니다.

동일한 행동을 한 두 번째 선생님, 세 번째 선생님도 다시는 보이지 않는 새 친구에 대한 아쉬운 마음과 동시에 자신의 무능력을 탓했을 수도 있습니다.

그러나 첫 번째, 두 번째, 세 번째 선생님들은 모두 절대로 무능하지 않았습니다. 그 학생이 당장 다음 주에 나오지 않았고, 교회에 정착하지 않았지만 그들은 교사의 직분을 잘 감당한 것입니다.

비록 짧은 시간에 짧은 만남을 가졌지만 그 선생님들의 노력이 있었기에, 후에 20대가 되어서 한 대학교 캠퍼스 안에서 주님을 영접하는 역사가 일어나게 된 것입니다.

인내하십시오!

교회학교 교사의 사역은 마라톤과 같은 것입니다. 코스가 짧지 않고 매우 깁니다. 모두에게 힘들고 어려운 코스입니다. 그래서 포기하고 싶은 마음이 자주 듭니다.

지금 우리에게 필요한 것은 단지 인내하는 것입니다. 포기하지만 않으면 됩니다. 조금만 더 그 길을 가면 기쁘게 피니쉬라인을 통과할 날이 올 것입니다. 교사의 직분 중에 가장 중요한 것은 인내가 맞습니다. 인내한다면 당신은 훌륭한 교사가 될 수 있습니다.

언제까지 인내해야 할까요?

그것은 '끝까지'입니다. 주님은 자신을 배신한 제자들을 만나러 직접 갈릴리 호숫가에 가십니다. 자신의 뒤통수를 친 베드로를 직접 만나십니다. 제자들은 예수님을 포기했지만 예수님은 제자들을 포기하지 않았습니다. 죽기까지 인내하신 것입니다.

그 결과가 무엇입니까? 결국 베드로는 "주님 사랑합니다. 제가 주님을 사랑하는지 주님께서 아십니다." 이 고백을 하고, 초대교회를 세우는 주춧돌이 되게 됩니다. 이 모든 결신과 열매는 주님의 인내 때문에 가능했던 것입니다.

선생님들이여, 조금만 더 인내하십시오. 조금만 더 기다리십시오. 조금만 더 참으십시오. 주님 안에서 열매를 거둘 날이 반드시 찾아올 것입니다.

나.
영성
Spirituality

교사는 봉사자, 섬기는 자 이전에 예배자라는 사실을 잊어서는 안 됩니다. 예배를 통해서 내가 먼저 은혜를 체험할 때, 학생들에게 나눠 줄 수 있는 은혜의 분량이 생기고, 학생들에게 영적 영향력을 발휘할 수 있게 됩니다. 〞

　교회 안에서 오랫동안 교사로 섬겨도, 영혼을 사랑하는 마음이 생기지 않는다는 분들이 있습니다. 만약에 아무리 노력해도 영혼 사랑의 마음이 생기지 않는다면 교사를 그만두는 게 좋다고 봅니다. 동시에 이러한 생각도 듭니다.
　'왜 저분에게는 영혼 사랑의 마음이 없을까?'

　처음부터 교사가 본인의 은사가 아닐 수도 있지만, 본질로 들어가 보면, 영성이 없는 경우가 더 많았습니다. 의외로 교회 안에 영적으로 죽어 있는 교사들이 많이 있습니다. 영성은 교사가 교사 됨의 가장 중요한 동력입니다. 영성이 있어야 교사의 직분을 제대로 감당할 수 있고, 영성이 있어야 영혼 사랑의 마음이 생깁니다.

'영성'이란 교회 용어 사전에 보면, '하나님을 믿고 거듭난 모든 자녀들에게 주어진 영적인 성품'이라고 나와 있습니다.[8] 영성의 정의는 이것뿐만 아니라 매우 다양하지만, 교회학교 현장에서 느끼는 교사의 영성은 이 질문으로 정의가 가능하다고 생각됩니다.

"매일 내 삶 속에서 얼마나 예수 그리스도를 경험하고 있는가?"

교사들 가운데 영성이 있다고 생각되는 사람들은, 매일 주님을 만나는 연습을 하고 있는 사람이라고 생각됩니다. 그리고 매일 주님을 만나는 연습을 하는 사람은 주님의 마음을 알기 때문에 영혼 사랑의 마음이 생길 수밖에 없습니다.

실제로 이런 일이 있었습니다. 우리 지역에 특목고가 있는데, 이 학생들은 대부분 타지에서 왔고, 전원 기숙사에 거주하며 격주로 자신의 집에 갔습니다. 이 안에 신앙이 있는 학생들 가운데 10여 명이 격주로 우리 교회를 출석하고 있었습니다.

그런데 어느 순간에 교회에 출석하는 학생의 수가 배가되는 일이 벌어졌습니다. 너무 놀라운 결과여서 학생 대표에게 질문했습니다.

"혹시 너희 학교에서 무슨 일이 있었니?"

학생이 총명한 눈으로 대답했습니다.

"목사님, 저희가 주일날 교회 올 때마다 하나님의 크신 은혜를 체험하고 있습니다. 또 학교에서 매일 저녁 7시마다 기도 모임을 하면서 주님을 만나고 있습니다. 그런데 주일 아침 교회 갈 시간에 기숙사에서 자고 있는 친구들과 도서관에서 공부하고 있는 친구들의 모습을 보면 너무 가슴이 아팠습니다. 그래서 저희가 포스터를 하나 만들었습니다. '주일날 교회 갈 친구들은 10시까지 교문 앞으로 모여라!' 이렇게요."

깜짝 놀랐습니다. 은혜를 받고 바른 영성을 가지니, 영혼 사랑의 마음이 생긴 것입니다. 영성은 영혼 사랑의 마음과 직결되는 것입니다.

전에도 청소년부 주일 설교에 은혜 받은 어떤 친구가 SNS에서 우리가 드리는 예배를 홍보하는 것을 보았습니다. 왜 이런 행동을 하게 되었냐고 묻자 "은혜를 체험하니까 친구를 전도하고 싶은 마음이 생겼다."는 것입니다. 올바르게 영적 체험을 한 사람이라면 영혼 사랑의 결과물을 만들어 냅니다.

교사의 영성이 올라가야 한다

교회에서 이른바 영성이 있는 선생님들을 보면 기본 신앙에 강합니다. 신앙의 기본은 '예배, 말씀, 기도'라고 생각합니다. 신앙의 기본에 충실한 교사들이 영성이 있고, 부서의 주축으로 섬기는 것을 보게 됩니다.

부산 서부교회 주일학교 전성기를 보면, 웬만한 교사들은 매일 새벽기도회에 참석했다고 합니다. 과거 교사들에게 매일의 말씀 생활과 기도 생활은 누가 묻지 않아도 당연한 것이었습니다.

한국 교회를 보면 어느 순간에 교사란 '주일에 내 부서 아이들에게 분반공부 인도하는 정도의 직분'으로 전락한 듯 보입니다. 지금 한국 교회 교회학교가 살아나기 위해서 가장 먼저 필요한 것은 교사의 영성이 올라가는 것입니다. 그래야 영혼 사랑의 마음이 생겨서 교사 직분을 제대로 감당할 수 있습니다.

교사가 영적으로 회복될 때

어떻게 교회학교 교사의 영성을 올릴 수 있을까요?

첫째, 예배를 회복하라

교사가 먼저 예배 가운데 은혜를 받아야 합니다. 교사가 예배를 통해서 은혜 받지 못하고 있다면 그가 맡은 교사 직분은 무거운 가시방석 같을 것입니다. 매주 드리는 예배 가운데 은혜를 갈망하는 모습이 교사에게 가장 먼저 필요합니다.

나는 부교역자로서 담임목사님의 설교 말씀에 은혜를 받고 있습니다. 하지만 이것으로 만족하지 않고 매주 최소 두 편 이상의 설교를 인터넷으로 듣습니다. 특히 주일 아침 교회에 출근하기 전에는 꼭 샤워를 하는데, 그때도 설교 한 편을 듣습니다. 이유가 무엇일까요? 내가 먼저 은혜 받기 위해서입니다.

교사가 먼저 은혜를 받아야 학생들을 사랑하는 마음이 생깁니다. 조금 더 정확하게 말하자면, 교사는 은혜 없이 일 년도 못 버티는 직분입니다.

자기 집 아이들도 통제하기 힘든 현실 속에서, 교회에서 문제투성이 아이들을 볼 때 자포자기하는 심정이 드는 것이 당연합니다. 때로는 이런 생각이 들 것입니다.

'직장과 가정, 교회의 여러 가지 일로 분주하여 나 하나 신경 쓰기도 힘든데, 내가 어떻게 남의 아이들을 돌볼 수 있을까?'

교사는 은혜를 경험하지 못하면 버틸 수 없는 교회의 3D 업종입니다.

교회학교 부서 가운데 중등부는 갈수록 교사들이 회피하는 부서입니다. 웬만한 담력 아니면 중등부는 맡기 힘들다고 합니다.

우리 교회도 매번 중등부 교사 자원자가 가장 적습니다. 그런데 몇몇 집사님이 어느 순간에 중등부의 매력에 빠지기 시작하면서 중등부 예찬론자가 되었습니다. 그 이유는 이분들 모두 예배 가운데 큰 은혜를 체험했기 때문입니다.

부서 예배 시간이 되면 학생들보다 더 열정적으로 찬양하는 모습을 보이고, 학생들 예배의 모든 시간에 적극적으로 참여하며 예배를 사모하는 모습을 보입니다.

"전에는 중등부 아이들로 인해 골치를 많이 앓아서 중등부에 대해 안 좋은 시선만 갖고 있었어요. 그런데 교사인 제가 먼저 은혜를 받으니, 아이들이 다르게 보이게 되더라고요.

입에 닳도록 이야기해도 여전히 매주 지각하는 아이들, 예배 시간에 떠드는 아이들, 아직도 주님을 만나지 못한 아이들이 불쌍하게 보이기 시작하더라고요. 이제는 토요일 저녁만 되면 아이들을 만날 생각에 기분이 들뜨고 너무 좋습니다."

교사가 예배를 통해서 영적으로 회복될 때, 영혼 사랑의 마음이 생기는 것입니다. 그래서 교사가 먼저 예배자가 되는 게 정말 중요합니다.

간혹 교회학교 교사들 가운데 자기 부서 예배만 드리고 본 예배를 드리지 않는 경우가 있습니다. 이것은 매우 위험한 행동입니다. 이러한 교사들 가운데 오랫동안 제대로 봉사한 분들을 본 적이 없습니다. 반드시 말미가 좋지 않습니다.

교사는 봉사자, 섬기는 자 이전에 예배자라는 사실을 잊어서는 안 됩니다. 예배를 통해서 내가 먼저 은혜를 체험할 때, 학생들에게 나눠 줄 수 있는 은혜의 분량이 생기고, 학생들에게 영적 영향력을 발휘할 수 있게 됩니다.

둘째, 규칙적인 개인 기도 시간을 가지라

우리 부서에 독특한 선생님이 한 분 있었습니다. 요즘 청소년들에게 FM 스타일의 신앙교육을 강조하신 분이었습니다. 매주 한 구절씩 말씀을 암송시키고, 매일 학생들에게 기도하기를 강력하게 주창하셨던 분입니다.

어찌 보면 이 시대에 좀 안 맞아 보이는 교육 스타일인데, 이 선생님이 담임하는 반은 늘 잘되었습니다. 그 이유는 본인이 그렇게 기도와 말씀을 가지고 살고 있었기 때문에 그렇습니다.

이분은 회사에서 업무 능력을 크게 인정받는 직원인데, 어떠한 일이 있어도 하루에 세 번씩 기도를 합니다. 그런데 특징이 업무 시간에는 절대 기도하지 않는다는 것입니다.

출근해서 업무 시작 전에 기도하고, 점심시간에 식사 후에 기도하며, 업무 마치고 집에 가기 전에 기도했습니다. 비록 긴 시간을 기도하는 것은 아니었지만, 매일 세 번의 기도 시간을 지키면서 기도하는 그분에게는 늘 영적인 힘이 느껴졌습니다.

매일 기도하는 교사들에게 나타나는 공통적인 특징이 있습니다. 첫째로 이들은 영적으로 아이들을 책임질 줄 압니다. 둘째로 이들은 내 힘으로 교사의 사명과 교회 사역을 하지 않습니다. 셋째로 이들은 교만하지 않으며 불평하지 않습니다.

교사로서 지금 큰 힘이 필요하다면, 기도가 유일한 답입니다. 기도하지 않는 교사에게 힘이 주어지지 않습니다.

우리 교회를 탐방 오신 분들은 드림교회 교사들의 특별함이 무엇이냐는 질문을 자주 합니다. 내가 볼 때 우리 교회 교사들은 기도에 있어서 탁월합니다.

특별히 영아부서를 보면 10년 이상을 비가 오나 눈이 오나 공휴일이나 평일이나 무조건 월요일에 온 교사들이 모여 기도를 합니다. 그러니 매년 70여 명의 아이들을 유치부로 올려보내 줘도, 다시 연말이 되면 그 수가 채워지는 것입니다.

각 교육 부서마다 특별 새벽기도회가 종종 열리는데, 대다수의 교사들은 어떻게 해서든지 참석을 합니다. 직장 업무로 인해서 아무리 피곤해도 그 자리를 지킵니다. 청년 교사들 가운데 올빼미족은 그냥 밤을 새고라도 기어코 기도의 자리로 옵니다.

각 교회 부서가 살기 위해서 "우리 부서만의 기도의 자리가 있는가? 그 기도의 자리는 사람을 사모하며 영적인 힘을 얻는 자리인가?"라는 질문에 확실히 답할 수 있어야 합니다.

기도하지 않는 자들이 교사를 하게 되면 교회에 대한 불평이 많이 생기게 됩니다. 모든 것을 인간적인 시선으로 보며, 물질적인 잣대로 평가할 확률이 높기 때문입니다.

기도하지 않는 교사들은 모든 것을 편협하게 보며 이기적으로 해석합니다. 기도가 없을 때 성령의 도우심으로 사역하는 것이 무엇인지 모르기 때문에 쉽게 좌절하게 됩니다.

반대로 기도하는 교사들이 많아지면, 비록 교사의 수가 적고 부서 예산이 적으며 아이들이 적어도 그 자체로 감사하며 기쁨으로 사역하게 됩니다. 기도는 내 자신에 대한 영적인 눈을 뜨게 할 뿐 아니라, 교회 전체를 믿음의 눈으로 바라볼 수 있는 안목을 심어 주게 됩니다.

꼭 교회학교 교사는 기도하는 분들이 맡아야 합니다. 특히 교사라면 일주일에 아이들을 위해서 몇 시간이나 기도하고 있는지 자문자답해봐야 합니다.

만약 지금까지 기도하지 못했다면, 오늘부터 기도하길 바랍니다. 교사가 개인적으로 기도할 때 지치지 않는 힘이 생기며, 교사 전체가 합심하여 기도할 때 부서 전체가 살아나는 원동력이 생기게 됩니다.

셋째, 개인 말씀 묵상 시간을 확보하라

교회학교 선생님들 가운데 자신이 묵상한 말씀을 매일 학생들에게 보내 주는 분들이 있습니다. 흥미로운 것은 학생들 가운데 이 메시지를 싫어하는 사람보다는 좋아하는 사람이 더 많다는 것입니다. 더 재미있는 것은 교회를 잘 출석하지 않는 학생도 이 말씀을 받는 것을 즐겨한다는 것입니다.

정기적으로 학생들에게 말씀을 나눠 주는 교사들은 대부분 반 관리를 잘했습니다. 그 반에서 말씀 나눔이 교육의 모든 방법은 아니었겠지만, 매일 말씀을 묵상하는 교사에게는 특별한 힘이 있음에 틀림없습니다.

교회학교 교사가 반드시 말씀을 사랑해야 하는 이유가 있습니다.

첫째는 교사가 말씀을 가르치는 일을 하고 있기 때문입니다. 교사에게 성경 말씀을 사모하는 마음이 없다면 제대로 된 성경공부를 진행할 수 없습니다.

둘째는 말씀이 들어가야 영적인 힘이 생기기 때문입니다. 교사는 늘 어려움에 직면합니다. 자기 마음 안에서 겪게 되는 내적 갈등이 있고, 가정과 직장 등의 외부에서 오는 갈등이 있습니다. 이때 이 모든 것을 이기는 힘은 말씀밖에 없습니다.

교사의 힘은 말씀에서 나온다

우리 교회 청소년부에는 청년 교사들이 많이 있습니다. 그리고 이중에 상당수는 반 담임을 맡고 있습니다. 이 사실을 아는 분들이 의아하게 물어봅니다.

"청년들은 불안 요소가 많은데, 반 관리를 제대로 할 수 있습니까? 청년들에게 영적인 일을 맡겨도 괜찮겠습니까?"

우선 우리 교회 청소년부 청년 교사는 아무나 되지 못합니다. 하고 싶다고 시키지도 않습니다. 만약에 하고 싶어 하는 청년들을 다 교사로 세우면 교사는 훨씬 더 차고 넘칠 것입니다.

그러나 청년을 교사로 세울 때는 자격 조건이 있습니다. 청소년부 때부터 빠지지 않고 제자훈련으로 연단된 청년들이 교사의 자격을 갖게 됩니다.

어떤 청년은 고교 졸업 전에 성경 7독을 하기도 합니다. 보통 교사로 섬기는 청년들은 못해도 성경 3-4독 이상은 다 한 경험이 있고, 매일 큐티를 하거나 말씀 묵상을 생활화하고 있습니다.

말씀을 사랑하는 사람이라면 누구나 교사로 섬길 수 있습니다. 매일 말씀 묵상이 생활화되어 있고, 말씀의 능력을 실천하는 사람이라면 청년이든 청소년이든 교사의 자격이 된다고 믿습니다.

미국에서 이민 교회 사역을 할 때 교사가 없어서 정말 힘들었습니다. 이민 교회는 영어 사역을 해야 하므로 영어를 사용할 줄 아는 교사 구하기가 정말 힘듭니다. 나는 5년 이상을 교사를 붙여 달라고 기도했는데, 끝내 응답이 없는 것처럼 보였습니다.

그런데 응답은 엉뚱한 곳에서 왔습니다. 교회 중고등부 학생들에게 말씀 읽기 운동과 큐티 운동을 시작했는데, 고등학교를 졸업할 때 성경 6독, 7독을 하는 학생들이 계속 생겨났습니다. 그리고 그 친구들이 모두 교회학교 교사가 되었습니다.

지금도 이들과 연락을 하는데, 모두 교회를 떠나지 않고 열심히 교사로 섬기고 있습니다. 성경 7독을 한 학생이라면 충분히 교사로 섬길 자격이 있다고 믿습니다.

교회학교 교사는 말씀을 사랑하고 매일 가까이하는 사람이어야 합니다. 교사의 힘은 말씀에서 나오기 때문입니다.

지금 한국 교회 각 부서에 필요한 것은 영적인 힘입니다. 한국 교회가 가장 먼저 회복해야 할 것은 교회학교에 대한 관심과 투자가 아닌, 교사들의 영성입니다.

예배와 기도와 말씀을 통해서 교사들이 영적으로 무장할 때 열정으로 교사 직분을 감당할 수 있고, 교사를 사명으로 받아들여 최선을 다하게 되는 것입니다. 영적으로 무장된 교사를 계속 배출할 수 있다면, 각 교회 교육 부서는 금방 일어나게 될 것입니다.

5.
소통
Communication

> 학생들과 소통하는 데 성공하게 되면, 학생들의 영적인 문제를 건드릴 수 있게 됩니다. 처음에는 학생들이 좋아하는 이슈를 가지고 접근하지만, 나중에는 그 학생에게 가장 중요한 '구원의 문제'를 터치할 수 있게 됩니다.

　간혹 교회에서 영성도 탁월하고 열심히 뛰는 선생님인데 의외로 고전하는 모습을 보게 됩니다.

　우리 교회에 정말로 아이들을 사랑하고 따뜻하게 맞이해주는 남자 집사님이 있었습니다. 그런데 그분이 돌연 교사를 그만둔 것입니다.
　사연인즉, 한 여학생이 교회에 계속 출석하지 않아 전화하고 문자를 계속 보냈는데 연락이 되지 않자, 이 학생이 사는 아파트를 찾아간 것입니다. 한참을 아파트 앞에서 기다리다가 결국 그 여학생을 만났습니다.

오랜만에 본 반 학생에게 반갑게 인사를 하려고 하는데, 이 학생이 먼저 차가운 표정으로 말했습니다.

"선생님, 저 다시는 교회 안 나갈 거예요. 선생님이 우리 집에 찾아와서 다시는 교회 안 나갈 거예요."

상당히 충격적인 이야기였습니다. 그런데 선생님들에게 이야기를 들어 보니, 학생들의 집을 방문했다가 이렇게 문전박대 당한 경우가 더 있었습니다.

왜 이런 현상이 일어날까요? 교사는 열정을 가지고 학생들에게 다가가나 학생들은 그 열정에 관심이 없기 때문입니다. 학생들은 교사가 나를 얼마나 이해해주고 알아주는가에 대해서 더 크게 생각합니다.

이 시대 교사들에게 꼭 필요한 능력, 소통력

우리 부서에 언뜻 보면 열심히 하지 않는 것처럼 보이는 청년 교사가 있습니다. 예배에 대한 열정과 영혼 사랑에 대한 열정이 잘 안 보입니다. 그러니 학생들에게 자주 연락하는 것도 없습니다.

그런데 그 반에는 늘 많은 아이들로 넘쳐납니다. 그리고 연락도 학생들이 교사에게 먼저 하는 것입니다. 학생들에게 물었습니다.

"너희는 왜 이렇게 많이 모이냐?"

"선생님이 좋아서요."

"선생님의 어떤 부분이 좋은데?"

"나를 잘 이해해주고, 마음을 헤아려 줘서 좋아요."

학생 집을 방문했을 때 문전박대 당한 교사와 이 교사의 차이점은 무엇일까요? 쉽게 설명하면, 한 분은 학생들과 소통이 잘 안 되고 있고, 다른 한 분은 소통을 잘 하고 있는 것입니다.

이 시대 교회학교 교사들에게 필요한 능력 가운데 하나가 소통입니다. '소통'이라는 영어 단어 'communication'은 라틴어 'communis'에서 파생된 단어로, '공통의'(common)라는 뜻을 가지고 있습니다. 학생들에게 무엇인가를 잘 전달하려면, 교사와 학생 사이에 일반성과 공통성이 있어야만 합니다.[9]

학생들은 자기와 공통분모가 있는 사람을 찾고 있습니다. 다른 말로 한다면, 학생들은 소통할 수 있는 교사를 찾고 있습니다.

2015년 한 신문 기사를 보니, 갤럽에 의뢰한 설문에 의하면 고등학생이 좋아하는 최고의 교사는 '학생들에게 관심을 가져 주는 교사'(47퍼센트)였습니다. 이는 '잘 가르치는 교사'(28퍼센트), '진학 지도 및 상담을 잘 해주는 교사'(8퍼센트)보다 압도적으로 높은 신기한 결과였습니다.[10] 학생들은 교사들이 자신들에게 다가와서 소통의 창구를 열어주길 원한다는 뜻으로 해석이 됩니다.

아이들은 소통할 교사를 찾고 있다

이 시대의 문제는 아이들에게 소통할 대상이 없다는 것입니다. 가정이든 학교든 소통할 대상이 없습니다. 아이들이 스마트폰이나 컴퓨터 게임과 같은 미디어에 중독되는 가장 큰 이유는 소통을 할 만한 사람이 없어서 그렇다는 것입니다.

또한 요즘 청소년들 가운데 이성에 집중하고 집착하는 아이들이 매우 많습니다. 소통할 대상이 없으니까 이성 친구에게 모든 에너지를 집중하는 경우가 있습니다. 그리고 이것이 문란한 성적 행동으로 연결되기도 합니다.

지금 우리 아이들에게 가장 필요한 사람은 소통할 수 있는 한 명입니다. 아이들은 자신과 통할 수 있는 그 선생님을 찾고 있습니다. 아이들은 젊고 예쁘고 멋진 선생님을 찾는 것이 아니라 자신들과 소통할 수 있는 선생님을 찾고 있습니다.

내가 한 교회에서 8년째 청소년부를 맡고, 20년 이상 청소년 사역을 할 수 있는 이유는 다른 데 있지 않습니다. 학생들과 여전히 소통하고 있기 때문입니다. 벌써 나이로만 보면, 이제는 청소년 사역을 은퇴해야 하는데 여전히 생존하는 이유는 소통에 있습니다.

우선 나는 아이들을 만나는 것을 지금도 좋아합니다. 그리고 아이들을 만날 때 메뉴는 늘 아이들이 좋아하는 것으로 선택합니다. 절대로 대화중에 아이들을 곤란하게 하거나 피곤한 질문은 하지 않습니다. 또한 우리의 만남이 따분하거나 지루하게 만들지 않습니다. 늘 유쾌한 모임이 되도록 노력합니다.

특히 교회의 문제아들을 만나서 허심탄회하게 이야기를 나눠 보면, 그들이 속마음을 이야기할 수 있는 것은 내가 그들 편에 서서 모든 것을 이해해 주기 때문이라고 말합니다.

나는 학생들과 함께하면 그들 수준에 맞추려고 매우 노력합니다. 일진들이나 양아치 그룹을 만나면, 내 말투도 거의 비속어가 주가 됩니다. 소통을 위한 노력이라고 생각됩니다.

무엇보다 설교도 소통과 연관이 큽니다. 우리 교회 학생들은 8년 전이나 지금이나 설교말씀을 여전히 좋아하고 있습니다. 조금 더 정확히 이야기하면, 내가 하는 설교에 흥미를 갖고 있습니다.

다른 것이 아닌 아이들 문화를 이해하고 아이들의 현재 고민에 대해서 늘 관심을 갖고 아이들 눈높이에서 말씀을 전하려고 노력하기 때문입니다. 소통만 이뤄지게 된다면 교사의 나이는 아무런 문제가 되지 않습니다.

학생들과 소통하는 방법

가만히 있는데 학생들과 소통이 저절로 이루어지지 않습니다. 노력이 필요합니다. 그렇다고 매우 어렵지도 않습니다. 학생들과 쉽게 소통할 수 있는 세 가지 방법을 소개합니다.

첫째, 공부하라

아이들을 만나다 보면 뜬금없이 특정 연예인 이야기가 나옵니다. 많은 아이들이 한 명의 연예인에 대해서 이야기하고 있다면, 지금 그 인물이 아이들 사이에서 가장 뜨거운 존재가 되어 있다는 것입니다. 이것이 영화일 수도, 드라마일 수도, 가요일 수도 있습니다.

나는 아이들에게 인기 있는 영화는 가장 먼저 봅니다. 그리고 이

것을 통해서 아이들과 하나라도 더 소통해갑니다. 설교의 예화는 그때 학생들이 즐겨 보는 영화의 내용이 나오는데, 아이들의 집중도가 꽤 높습니다.

아이들이 즐겨 보는 드라마는 숙제라고 생각하고 집에서 늦은 시간까지 시청합니다. 어떤 때는 드라마 10회 분량을 이틀에 걸쳐 다 보기도 합니다.

음악에 대한 부분은 내게 가장 큰 약점이지만, 최소한 아이들이 좋아하는 아이돌 가수 리스트 정도는 알고 있습니다. 이런 대중문화에 대한 부분은 상당히 빠른 속도로 변모하기 때문에 꾸준히 공부하고 노력하지 않으면 아이들과 소통하기가 힘들어집니다.

둘째, 학생들을 만나라

만남이 없이 소통은 불가능합니다. 과거처럼 아이들은 전화를 쉽게 받지 않습니다. 아이들의 성향상 문자나 카톡을 받지 않고 무시하는 경우도 꽤 많습니다.

소통에 있어서 만남보다 더 큰 요소는 없습니다. 선생님들 가운데 이런 질문을 하는 경우가 있습니다.

"요즘 아이들이 학원이나 사교육으로 바쁜데 언제 만납니까?"

우선 아이들과 만나는 것은 많은 시간을 필요로 하지 않습니다.

중학생의 경우 6교시나 7교시 끝나고 학원 가기 전에 자투리 시간에 만나면 됩니다.

또한 아이들은 우선순위대로 움직입니다. 어느 날 학생과 만나기로 약속한 다음에 약속 장소로 갔는데, 이 학생이 학원에 안 가도 된다고 했습니다.

"목사님, 엄마한테 말해서 오늘 학원 뺐어요."

대한민국 아이들 가운데 매일 학원 가는 걸 즐겨하는 아이들은 별로 없습니다. 더 좋은 우선순위가 있으면 아이들은 언제나 그쪽으로 움직입니다.

우리 교회 선생님 가운데 고 3을 오래 담임하신 분이 있습니다. 아이들과 어떻게 소통하냐고 질문했더니, 한 달에 한 번씩 주일 점심에 학생들과 식사를 한다는 것입니다.

다른 선생님들이 질문했습니다.

"어떻게 그것이 가능하죠?"

이 선생님이 웃으며 말합니다.

"처음에 반 학생 열 명 가운데 세 명만 그 식사 모임에 참석했어요. 그런데 시간이 지나면서 선생님과 관계가 형성되고 이 모임이 좋아지니까 점점 수가 늘었어요. 나중에는 열 명이 다 참석을 하더라고요."

처음에는 아이들이 "저 학원 가야 돼요. 가족 모임 있어요. 친구 만나야 해요." 등 다른 우선순위를 이야기합니다. 그런데 선생님과 만나는 게 좋으면 그쪽에 우선순위를 두고 아이들이 모인다는 것입니다. 자주 만나야 아이들과 소통이 됩니다.

셋째, 아이들과 놀아라

21세 청년 교사를 중학교 1학년 담임으로 세운 적이 있습니다. 새내기 교사가 어떻게 해야 할지 전혀 모르는 것 같아서 한 가지 팁을 말해주었습니다.

"아이들과 많이 놀아주는 게 중요해요."

그러자 이 선생님이 중학생들과 피시방에 가는 것이었습니다. 그 모습을 보며 좀 우려가 되었지만 계속 지켜보기로 했습니다. 다음 번에는 아이들과 목욕탕을 가는데, 아이들이 은근히 그 시간을 즐기는 것을 보았습니다. 그러다가 나중에는 다음 모임을 아이들이 기다리기까지 했습니다.

이 새내기 교사는 군대 가기 전까지 교사직을 열심히 감당하였는데, 나중에 입대할 때 학생들보다 부모들이 더 아쉬워하였습니다.

함께 놀 때 소통의 파워가 극대화됩니다. 나는 가끔 뜬금없이 아이들 몇 명에게 연락해서 벚꽃을 보러 갑니다. 학교와 학원에서 공부에 대한 심한 압박을 받는 아이들이 자연을 보는 순간에 너무나도 행복해합니다.

또한 학교 끝나자마자 학원을 빼고 바닷가를 다녀오기도 합니다. 그 시간은 그해 아이들에게 최고로 기억에 남는 순간이 될 정도로 뜻 깊은 시간이 됩니다.

소통이 되면 아이들의 삶을 터치할 수 있다

학생들과 소통이 이뤄지기 시작하면 그때부터 제대로 된 상담과 교육이 이뤄지게 됩니다. 소통 전에는 학생이 교사에게 상담 요청을 하는 법은 극히 드뭅니다. 실제로 군산 시내 학생들 대상으로 한 설문조사에 교회 선생님과 상담한다는 학생은 0퍼센트라는 충격적인 결과를 직접 보았습니다.[11]

왜 이러한 결과가 나왔을까요? 교회 내에서 학생들과 선생님이 소통하는 경우는 거의 없다는 것입니다. 그러니까 선생님이 학생의 삶에 영향력을 행사하지 못하는 것입니다.

반대로 학생들과 소통만 이뤄지기 시작하면 학생들은 자기 마음속에 있는 고민을 털어놓기 시작합니다. 감히 부모에게 하지 못했던 이야기를 교회 선생님에게는 털어놓게 됩니다.

학생들과 소통이 이뤄지기 위해서는 시간도 많이 필요합니다. 소통의 기술이 뛰어난 교사들은 몇 달 안에도 아이들의 마음을 사로잡기도 합니다.

그러나 통상적으로 일 년으로도 부족합니다. 그래서 어떤 교사들은 같은 반 아이들을 2-3년씩 맡기도 합니다. 제대로 소통만 이뤄진다면, 아주 좋은 열매를 얻을 수 있는 결정입니다.

나도 한 교회에서 8년을 사역하다 보니 이제는 소통이 쉬워졌습니다. 함께 동역하는 교사들과도 마음속에 있는 이야기를 하기가 쉬워졌습니다.

중1 때부터 쭉 봐온 고등학생들과도 대화하기가 매우 수월합니다. 1-2년 관계를 형성한 사역자들에게 쉽게 할 수 없는 이야기를 저에게 합니다. 고등학교를 자퇴한 한 학생은 이렇게 말했습니다.

"목사님, 제가 유일하게 속마음을 이야기하는 어른은 목사님밖에 없어요."

그 친구는 틈만 나면 내게 자신의 여자 친구 이야기, 자기 가정사 이야기, 심지어 아빠의 외도 이야기까지 이야기합니다. 그 외에도 나와 소통하는 학생들은 많은 이야기를 털어놓습니다.

여기에는 '친구 자살 시도 이야기, 부모와 갈등으로 인한 가출 이야기, 학교 왕따 이야기, 남자친구와 성관계 이야기, 아르바이트하면서 겪은 성추행 이야기, 심지어 임신과 낙태 이야기 등' 많은 사역적 돌봄이 필요한 대화가 담겨 있습니다.

학생들과 소통이 될 때 그들의 고민을 듣고 마음을 이해하며 해결의 실마리를 찾을 수 있게 됩니다. 이런 면에서 교회학교 사역자들은 교회를 자주 옮기지 말고 한 교회에서 최소 5년은 사역하는 것이 좋다고 봅니다.

성경을 보면 예수님은 소통의 전문가였습니다.
예수님은 사생활의 문제로 사람들을 피해 뜨거운 한낮에 물을 길러 온 수가성의 여인과는 '물'이라는 매개체를 이용해서 여인에게 접근하였습니다. 그리고 지식인이었던 니고데모에게는 '거듭남'이라는 다소 심오한 주제를 통해서 접근하였습니다.

또 친구가 없어 늘 외로웠던 삭개오에게는 '함께하는 식사'를 통해 만남을 가졌습니다. 결국 소통에 성공했던 예수님은 그들의 영혼을 변화시키는 열매를 맺었습니다.

학생들과 소통하는 데 성공하게 되면, 학생들의 영적인 문제를 건드릴 수 있게 됩니다. 처음에는 학생들이 좋아하는 이슈를 가지고 접근하지만, 나중에는 그 학생에게 가장 중요한 '구원의 문제'를 터치할 수 있게 됩니다. 학생들에 대한 영적인 터치의 대부분은 소통을 통해서 이뤄짐을 꼭 기억해야 합니다.

6.
다양성
Variety

> "
> 결국 교사가 아이들의 다양성을 파악한다는 것은 아이들의 필요에 민감하다는 뜻입니다. 아이들은 배우는 방법만 다양한 게 아니라, 그들의 환경 또한 다양합니다. 그래서 아이들은 각기 다른 필요를 가지고 있습니다.
> "

　교회에서 학생들과 소통을 하고 싶어도, 학생들의 성향이 너무나도 달라서 힘든 경우를 보게 됩니다. 실제로 교회 안에는 다양한 아이들이 모여 있습니다.

　아이들의 신앙 수준도 차이가 크고, 학생들의 지적인 차이도 크며, 가정의 경제적 수준에 따라서 사는 지역이 다릅니다. 심지어 동년배끼리 신체 발달 및 정신 발달의 차이도 큽니다. 따라서 학생들에 대한 다양성의 이해 없이 제대로 된 교육은 힘듭니다.

　한번은 중등부 수련회를 하는데, 이른바 동네 양아치에 해당하는 중학교 3학년 열두 명이 수련회에 참석하게 되었습니다.

이 아이들이 여섯 개 조에 두 명씩 흩어져서 들어갔는데, 여섯 개 조를 담당했던 교사들이 매우 힘들어했습니다.

그중 한 남자 집사님은 나름 중등부 베테랑 교사였음에도 불구하고 아이들을 어떻게 다뤄야 할지 몰라서 끝까지 애를 먹곤 했습니다. 그 이유는 이런 유의 학생들을 처음으로 대해봤기 때문입니다.

학생들의 다양함을 이해하라

배움의 대상이 되는 학생들은 다양합니다. 그리고 학생들은 다양한 방법으로 배우게 됩니다. 미국의 한 교회를 탐방 갔는데, 그 교회는 주일 초등부 분반공부를 같은 주제를 가지고 3주에 걸쳐서 진행하였습니다.

한 주는 스토리텔링으로 풀어 낸 연극으로 분반공부를 진행했고, 다른 한 주는 그림과 같은 창작 활동을 통해서 분반공부를 진행했으며, 마지막 한 주는 노래와 같은 음악과 함께 분반공부를 진행하였습니다.

궁금해서 물어봤습니다.

"왜 이렇게 진행하시죠?"

"아이들이 좋아하는 영역이 다르고 배우는 방식이 다르기 때문에 세 가지 방식을 사용하며 노력하는 겁니다."

아이들이 다양한 방식으로 교육을 받으면 교육의 효과는 매우 큽니다. 한국의 교육은 세상이든 교회든 교육 방식의 획일화가 큰 문제라고 보입니다.

나는 무엇을 암기할 때 조용히 눈으로 암기하고, 나중에 한두 번 쓰는 스타일입니다. 눈으로 그림을 찍는 식으로 암기하는 방식을 선호합니다.

그런데 중학교에 입학했더니, 모든 교과목에서 '깜지'라는 숙제를 내주었습니다. 수학도, 영어도 노트 안을 시커멓게 채워서 와야 하는 방식이었습니다.

그 숙제를 하기 위해서 무작정 손으로 쓰기만 해야 했습니다. 아무리 글을 많이 써도, 시커멓게 만들어도 암기가 되지 않았습니다. 왜냐하면 나는 써서 암기가 되지 않고 눈으로 집중해서 볼 때 암기가 되는 스타일이었기 때문입니다.

아이들의 배움의 방식을 이해한다면

지금 교육 현장에서 가장 필요한 것은 각 학생들의 교육 스타일을 이해하는 맞춤형 교육이라고 봅니다. 아이들마다 좋아하는 것을 충분히 파악해서 그것으로 접근하면 교육이 실패할 확률이 적어진다고 생각합니다. 교회에서 먼저 학생들의 다양한 배움의 스타일을 연구하고 그에 맞게 접근해간다면 교회학교에 큰 센세이션이 일어날 것이라고 믿습니다.

우리는 자꾸 내가 배워왔던 방식으로 아이들을 가르치려는 경향이 강하기 때문에 교사와 학생 사이에 괴리감이 커지는 것입니다. 만약에 지금부터 우리 아이들이 가지고 있는 배움의 방식을 조금만 이해한다면 다음과 같은 유익이 찾아올 것입니다.

첫째, 학생들이 활발하게 배우게 됩니다. 배움에 있어서 활기가 넘치기 때문에 분반공부하는 시간이 신나고 재미있어집니다.

둘째, 각 학생들에게 맞는 배움 방식으로 교육할 때 집중도가 올라가기 때문에 교육의 효과가 최대치가 됩니다.

셋째, 학생들의 스타일에 맞게 수업을 진행하면 반 분위기가 훈훈해져 서로에게 좋은 시너지효과를 발휘하게 됩니다.

넷째, 학습 효과가 올라가게 되면서 학생들의 자존감이 올라가게 됩니다. 아이들은 무엇인가 성취하게 되면 또 배우고 싶어합니다.

다섯째, 교사가 아이들의 취향을 파악하고 대할 때 자연스럽게 학생들과 좋은 신뢰 관계를 구축하게 됩니다.

여섯째, 분반공부에 관심 없었던 아이들조차도 공부하고 싶은 열망이 생겨납니다. 성경에 대해 갈망하는 마음이 더 커지게 됩니다.

일곱째, 학생들이 배움의 즐거움을 얻게 됩니다. 재미있게 배울 때 행복감과 즐거움을 느껴 배움의 양과 질이 높아지게 됩니다.

여덟째, 배움의 극대화가 나타나게 됩니다. 학생들의 배움에 필요한 뇌의 발달이 일어나는데, 학생들이 좌뇌와 우뇌를 모두 사용하면서 배움의 극대화 효과를 보게 됩니다.

어찌 보면 한국 교회 각 부서의 큰 위기는 교사들이 너무 굳어 있고 변화를 두려워하는 것일 수도 있습니다. 아이들은 끊임없이 변해가고 있는데, 교사들은 늘 그대로입니다.

처음 반 아이들을 맡으면 아이들의 성향을 먼저 분석하고 아이들이 어떠한 방식으로 학습을 하는지 연구할 필요가 있습니다.

아이들의 다양한 배움의 방식

버니스 맥카시 교수는 우리 아이들을 배움의 방식에 따라서 네 가지로 간단히 분류하였습니다.

상상력이 풍부한 학습자
분석력이 풍부한 학습자
상식이 풍부한 학습자
역동성이 풍부한 학습자

이 분류법은 매우 간단하게 현재 우리 반 아이들의 배움에 대한 성향을 구별하고 적용할 수 있도록 해줍니다. 이 정도만으로도 반 아이들을 분류할 수 있다면 분반공부나 제자훈련 등 교회 소그룹 모임 때 보다 효과적으로 교육할 수 있습니다.

학생들의 그룹별 특징을 배움 방식 스타일에 맞게 분석한 표가 있습니다.[12] 당신의 교회 학생들은 어떠한 그룹에 속해 있는지 살펴보는 시간을 갖길 바랍니다.

우리 반 아이들을 특징에 맞게 분석해놓으면, 아이들을 가르칠

학습자들의 배움 방식 스타일

<상상력이 풍부한 학습자>
a. 내면이 강함
b. "왜?" "왜 안 돼?"라는 질문을 좋아함
c. 쉽게 흥미를 느낌
d. 감정에 동조가 잘됨
e. 일할 때 시끄러운 환경임
f. 직관적임
g. 사람(친구)을 좋아함
h. 역할놀이, 게임, 시뮬레이션을 좋아함
i. 듣는 것과 나누는 것을 좋아함
j. 색깔이 많은 환경을 좋아함
k. 연민이 많고, 잘 움
l. 긴 강의, 암기, 독학을 싫어함
m. 사회성이 풍부함

<분석력이 풍부한 학습자>
a. 새로운 아이디어나 생각에 몰두함
b. 경쟁이 필요함
c. 사실, 도면, 이론이 중요함
d. 논리적인 정보를 좋아함
e. 올바른 것을 좋아함
f. 틀린 부분 수정하는 걸 좋아함
g. 지적임
h. 혼자 일하는 것이 좋음
i. 전통적인 방법으로 지식을 획득함
j. 많은 정보를 주는 교사를 좋아함
k. 듣고 필기하는 걸 좋아함
l. 똑똑한 사람을 좋아함
m. 조용한 환경을 좋아함
n. 성경연구 및 공부를 좋아함
o. 장기 플랜을 보고 결과를 봐야 함

<상식이 풍부한 학습자>
a. 컴퓨터와 기계를 좋아함
b. 교실에 조용히 앉아 있는 걸 싫어함
c. 공부 시간에 돌아다녀야 함
d. 객관적 사고를 하나 홀로 있는 것은 싫어함
e. 강의 듣는 걸 싫어함
f. 지식에 대한 나름의 스킬이 있음
g. 문제를 잘 풀어냄
h. 혼자 일하길 좋아함
i. '기독교' 하면 '행동하는 신앙'을 생각함
j. 실물(디스플레이)을 통해서 배움
k. 직접 활동하면서 배움
l. 실제적이고 실용적임
m. 논리적 결과를 얻는 걸 좋아함
n. 결과와 목표 지향적임
o. 전략적 사고가 뛰어남

<역동성이 풍부한 학습자>
a. 융통성과 창조성을 좋아함
b. 새로운 방식으로 가르치는 교사를 좋아함
c. 숙제하는 데 시간이 많이 걸림
d. 예감에 의해서 결정을 내림
e. 호기심이 많고 인사이트가 풍부함
f. 유머 감각이 좋음
g. 학생들에게 집중된 세팅을 좋아함
h. 사람을 좋아함
i. 예측이 힘듦
j. 창조성에 관심이 많음
k. 독특함을 주는 드라마를 좋아함
l. 문제 해결의 독특한 방식을 제공함
m. 직관적 통찰력이 좋음

때 큰 도움이 됩니다. 특히 그간 아이들의 행동과 특징에 대해서 '왜 이런 행동을 하지?' 또는 '왜 이 아이는 이러한 상상을 하지?'라고 의아하게 생각했던 부분을 충분히 이해하게 됩니다.

지금 가르치는 아이들의 다양성만 충분히 이해해도, 교회 교육의 시스템이나 환경에서 오는 여러 어려움을 극복하면서, 교회 교육을 성공적으로 진행해나갈 것입니다.

우리 교회는 회기가 바뀌면 교육부서 교역자가 교사들을 일대일로 심방합니다. 교사들의 상황과 환경을 미리 파악하고 영적으로 돌보며 사역을 시작합니다.
또한 1월과 2월의 겨울 방학 기간을 이용해서 각 부서 교사들은 학생들을 다 심방합니다. 그리고 이때 심방 보고서를 작성해서 담당 교역자에게 제출하게 됩니다.

제출된 심방 보고서를 읽어 보면, 학생들에 대한 분석이 배움 방식 스타일 표의 내용과 비슷한 것을 보게 됩니다. 그러면 해당 학생에 대한 이해가 빨리 되고, 이 학생과는 어떠한 스타일로 대화를 하고 공부를 하는 것이 유익한지를 알기에, 효과적인 성경공부나 분반공부를 할 수 있게 됩니다.

결국 교사가 아이들의 다양성을 파악한다는 것은 아이들의 필요에 민감하다는 뜻입니다. 단지 아이들은 배우는 방법만 다양한 게 아니라, 그들의 환경 또한 다양합니다. 그래서 아이들은 각기 다른 필요를 가지고 있습니다.

어떤 학생은 외모에 콤플렉스가 있고, 어떤 학생은 가정불화를 겪고 있으며, 어떤 학생은 친구가 없어서 힘들어합니다. 이러한 부분에 대한 필요를 이해하고 도와줄 때 진정한 교육이 이뤄지게 되는 것입니다.

학생과 교사의 교육 유형을 점검하라

릭 욘트 교수는 학생들의 필요를 채워주고 돕기 위해 교회에서 교육을 할 때 세 가지 영역에 따른 접근이 필요하다고 주장합니다. 교육을 할 때 모든 사람은 세 가지 영역 안에서 교육이 이뤄지기 때문입니다.[13]

첫째는 생각의 영역입니다. 이것을 다른 말로 '앎'이라고 하고, '지식'이라고 합니다.

둘째는 감정(느낌)의 영역입니다. 진정한 교육은 지식에서 그치지 않고 개인의 마음의 터치할 때 이뤄진다는 것입니다. 그래서 학생들이 무엇을 좋아하고 싫어하는지를 잘 파악해야 합니다.

셋째는 행동의 영역입니다. 말씀을 받아들인 학생들이 말씀을 통해서 삶에 적용하는 것을 뜻합니다.

이 세 가지 삼박자가 조화를 이루어야 교회 안에서 제대로 된 교육이 이뤄진다는 말입니다.

학생과 교사의 세 가지 교육 유형

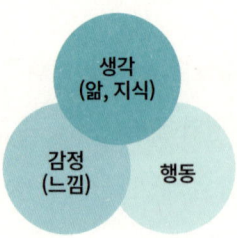

실제 교육 현장을 가 보면, 이 세 가지가 완벽하게 조화를 이루는 경우는 드뭅니다. 보통은 한쪽에 편향되기 쉽습니다. 교사들 가운데서도 어떤 한쪽 방향에 더 쏠려 있는 경우가 있고, 배우는 학생들도 한 방향에 더 집중되어 있곤 합니다.

그래서 학생이든 교사든 어떤 사람은 생각의 영역이 강할 수 있고, 또 어떤 사람은 감정의 영역이 강할 수 있으며, 어떤 사람은 행동의 영역이 강할 수 있습니다.

교사와 학생의 유형이 일치하게 되면 매우 재미있는 분반공부 시간이 되고, 교사와 학생이 상반될 경우 서로에게 피곤한 분반공부가 될 수 있습니다.

먼저, 교사로서 당신은 어느 쪽에 가까운지 스스로 점검해보길 바랍니다.

유형	특징	애칭
생각자(Thinker)	나는 사실, 개념, 이론, 본문, 적용, 성경공부, 생각과 관련된 것을 좋아한다. "배우는 것은 개념을 아는 것이고, 내용을 많이 담는 것이다."	도서관
느낌자(Feeler)	나는 경험, 따뜻한 분위기, 개인적 가치, 열정적인 헌신, 질문에 자유로운 답변, 개인의 사사로운 이야기, 사람들과의 관계 형성을 좋아한다. "배우는 것은 감정적이고 축제적이며 따뜻하게 이루어져야 한다."	캠프파이어
행동자(Doer)	나는 실행, 행동, 업무 수행, 프로젝트, 결과, 효율성, 숙달을 좋아한다. "배우는 것은 실제적이고 효율적이며 집중적으로 이루어져야 한다."	워크숍

교사만 세 가지 유형으로 분석할 수 있는 것이 아니라 학생들도 동일하게 세 가지 유형으로 분석할 수 있습니다. 나는 어떠한 유형이고, 우리 반 아이들은 어떠한 유형일까를 고민해보면 훨씬 더 쉽게 아이들의 필요를 채울 수 있게 될 것입니다.

반대로 이러한 유형에 대해서 아무런 관심이 없다면 선생님은 자꾸 이런 생각이 들 것입니다.
'우리 반 아이들은 왜 저 모양이지?'
뿐만 아니라, 반 아이들도 선생님에 대해 자꾸 이런 생각을 할 것입니다.
'우리 반 선생님은 왜 저러시지?'

생각자(Thinker)인 교사가 분반공부를 인도하는 경우입니다. 아주 열정적으로 성경의 내용과 신학적 의미, 개념 등을 설명합니다. 그러면 반에 있는 생각자(Thinker)들은 분반공부 시간이 유익하다고 여기며 좋아하지만, 느낌자(Feeler)들은 이렇게 반응합니다.
'이 내용이 나랑 무슨 관계가 있어? 짜증나.'
또한 그 반에 있는 행동자(Doer) 학생들은 이렇게 반응합니다.
'이것을 어떻게 하라는 말이야? 실질적인 행동 지침을 줘야지.'

느낌자(Feeler) 교사가 인도를 하면, 자기 생각대로 공부를 인도를 하곤 합니다. 내용은 그렇게 깊지 않습니다. 주로 자기 경험을 토대로 이야기하는데, 매우 흥미로운 편입니다.

많은 학생들이 웃을 수 있고, 특히 느낌자 유형의 학생들은 매우 좋아합니다. 하지만 지나고 나면 무엇을 배웠는지 잘 기억이 안 납니다. 특히 생각자 유형의 학생들은 이에 대해 따질 수 있습니다.

"지금 전체 내용의 주제가 무엇이죠? 그것이 의미하는 바가 무엇인가요?"

행동자 학생들도 마찬가지로 의문을 제기합니다.

"이것을 도대체 어디에 활용할 수 있다는 말인가요?"

행동자(Doer) 교사들은 실체적인 것, 행동, 업무수행, 프로젝트, 결과, 효율성, 숙달을 강조합니다. 이 유형의 교사들은 반복적인 학습을 중요하게 생각하고 일 중심적입니다. 이들은 일을 하면 되지 다른 것은 중요하지 않다고 생각합니다.

이때 생각자 유형의 학생들은 다음과 같이 따집니다.

"지금 핵심이 뭐죠? 의미하는 바가 무엇이죠?"

느낌자 학생들은 다음과 같이 반응하곤 합니다.

"이것이 도대체 나랑 무슨 관계가 있나요?"

실제로 예전 교회에서 느낌자 유형의 여고생들만 잔뜩 모여 있는 반의 담임으로 생각자 스타일의 선생님이 왔습니다. 이분은 조용한 성격을 가진 인텔리 출신의 외국계 보험회사의 고위간부였습니다. 전형적인 생각자 유형이었는데, 그 반 여학생들이 이렇게 호소하곤 했습니다.

"우리 반 선생님과 함께 있으면 숨이 막힐 것 같아요. 분반공부 시간이 너무 힘들어 죽겠어요."

유형이 맞지 않을 때 이러한 일이 발생합니다.

그다음 해가 되었습니다. 그 여자 반을 맡은 선생님은 열정이 넘치는 느낌자 유형이었고, 교육에 있어서 가장 주안점으로 삼는 것이 아이들에 대한 이해였습니다.

이 선생님이 그 반에 가자 그 반은 완전히 대박이 났습니다. 매주 교회에서 가장 시끄러운 반으로 유명했습니다.

선생님도 시끄럽고 아이들도 시끄럽고, 분반공부가 도저히 끝나지 않는 반이었습니다. 반 분위기가 너무나 좋았습니다. 새로운 아이들이 계속 늘어났습니다. 그 반의 가장 큰 성공 비결은 선생님과 아이들의 유형이 정확히 일치했다는 점입니다.

교회에서 교사와 아이들의 유형만 일치해도 좋은 결과를 보게 됩니다. 먼저 교사는 내가 어떠한 유형인지를 알고, 그다음에 아이들의 다양한 유형을 파악하게 되면, 지금보다 훨씬 효과적인 교회교육이 가능해집니다. 이렇듯 교회학교 선생님들은 학생들에 대한 다양성을 이해하고 공부해야만 합니다.

7.
성장
Growth

> " 교회학교 교사들이 먼저 성숙과 성장을 경험할 때 그 반의 아이들 역시 성숙해지고 성장할 수 있게 됩니다. 늘 느끼는 것이지만 교육 부서는 담당 교역자의 분량만큼 성장하게 됩니다. 각 반은 교사의 분량만큼 크게 됩니다. "

연초가 되고 새로운 회기가 시작되면, 선생님들께 반의 목표를 세우라고 주문합니다. 이른바 반 목회를 어떻게 할지 프로젝트를 세우라는 것입니다. 이것이 그리 거창한 것은 아닙니다. 우리 반이 올 한 해 이루고 싶은 목표를 세우고 선생님과 학생들이 함께 나아가도록 하는 것입니다.

쉽게 말하면 매주 예배 안 빠지기, 수련회 다 함께 참석하기, 모두 큐티하기, 교회 기도회에 참석하기, 전도 집회 때 친구 한 명씩 전도하기 등입니다. 이러한 목표를 잘 세우고 가는 교사와 목표 의식 자체가 없는 교사 사이에 나중에 얻어지는 결과는 큰 차이가 나는 것을 보게 됩니다.

교회학교 교사의 최종적인 목표

교사에게는 반드시 목표의식이 있어야 합니다. 당신은 어떠한 목표를 가지고 오늘도 교사의 직분을 감당하고 있습니까? 교회학교 교사의 최종적인 목표는 무엇이라고 생각하나요?

이 질문에 대한 답을 나는 에베소서 말씀으로 설명하고 싶습니다. 이 말씀이 기독교 교육의 목표라고 생각합니다.

> 우리가 다 하나님의 아들을 믿는 것과 아는 일에 하나가 되어 온전한 사람을 이루어 그리스도의 장성한 분량이 충만한 데까지 이르리니(엡 4:13).

먼저 예수 그리스도를 믿은 교사는 맡고 있는 학생들도 예수님을 믿게 하고 그들이 그리스도의 장성한 분량에 이르도록 돕는 것이 교육의 목표라고 생각합니다.

지금 당신이 맡고 있는 그 아이가 예수님을 인격적으로 만나고, 그리스도의 제자가 되며, 더 나아가 수많은 아이들을 주님께 이끌 수 있다면 교사로 섬기는 것이 너무도 행복할 것입니다.

우리 교회에 내게 아빠라고 부르는 스물한 살 청년이 있습니다.

솔직히 이 친구를 교회에서 반기는 사람은 많지 않습니다. 고등학교 시절 자퇴를 경험했고, 술담배는 일상이며, 부모님과의 관계는 매일 살얼음판이니, 세상적으로 보면 벌써 하류 인생입니다. 중학교 때 만난 이 녀석을 거의 매주 연락하면서 챙겼습니다. 아니, 시간이 좀 지나니까 이 녀석이 먼저 연락할 때가 많았습니다.

하지만 나이를 먹어도 신앙과 삶의 성숙은 전혀 보이지 않았습니다. 급기야 20대가 되면서부터는 교회에서도 잘 보이지 않았습니다. 보통 이러면 포기하고 다가가는 것을 멈추는 게 맞는데, 한 가지 때문에 포기를 못합니다. 여전히 이 청년은 나를 아빠라고 부르고 있는 것입니다.

한동안 아르바이트 때문에 교회에 나오지 않다가 다시 교회에 나오기 시작했습니다. 그런데 그것이 새벽기도 시간이었습니다. 아직도 그날을 기억합니다. 평소와 다른 아주 점잖은 모습으로 교회에 왔습니다. 빈손이 아닌 음료수를 사 들고 왔습니다.
새벽 예배가 끝난 다음에 내게 아침식사를 대접하였습니다. 그러면서 지금까지 잘못 살아온 자기 인생에 대한 후회를 쭉 열거하면서, 앞으로 살아야 할 새로운 인생에 대한 프로젝트를 브리핑해주었습니다.

그날 새벽기도 때 등장한 청년은 전의 그 청년이 아니었습니다. 그토록 안 클 것 같은 녀석이 그간 큰 것입니다. 아직도 신앙과 믿음에 있어서는 상당히 미약하지만 자기 행동의 과오를 알고, 어떻게 믿음 가운데 서 있어야 할지 이미 알고 있었습니다.

처음에 많은 교사들은 분명한 목표의식을 가지고 교사의 직분을 감당합니다. 그런데 조금 지나면 목표가 하나둘씩 무너지기 시작합니다. 왜냐하면 목표를 달성하기엔 현실의 벽이 너무 높기 때문입니다.
어느새 교사들은 아이들의 영적인 성숙은 뒤로하고 "우선 교회만 나오면 좋겠다. 지각만 안 하면 좋겠다. 결석만 없는 반 되는 것이 목표다." 등으로 거창한 목표는 사라지고 현실적인 목표로 재수정합니다.

그렇다면 왜 교사들의 목표의식은 지속되지 못하는 걸까요?
바로 그것은 목표의식에 앞선 '부모의식'이 없어서 그렇습니다.

부모의 심정으로 아이들을 대하라

당신이 진정한 교회학교 교사가 되기 위해서 필요한 것은 부모의

식입니다. 위에 언급된 청년의 경우 내가 포기하지 않았던 진짜 이유는 그 청년이 나를 아빠라고 불렀기 때문입니다. 세상에 자기 아들을 포기하는 부모가 얼마나 될까요? 부모라면 지금 아이의 모습이 미성숙할지라도 기대하면서 기다리게 됩니다.

"반드시 좋아질 거야. 반드시 달라질 거야."
이런 희망을 품고 끝까지 기다리는 사람은 부모밖에 없습니다.
훌륭한 교사는 부모의 심정으로 아이들을 대합니다. 지금 한국 교회학교의 어려움은 절박한 마음과 심정으로 다가가는 엄마와 같은 교사, 아빠와 같은 선생님이 없다는 데 있는 것입니다. 기억하십시오. 교사는 아이들의 영적 부모입니다.

지금 맡고 있는 반 아이들을 성장시키고 싶다면, 먼저 부모의 마음을 달라고 기도해야 합니다. 부모는 나이가 많다고 무조건 되는 것은 아닙니다. 또한 어리다고 못하는 것도 아닙니다. 부모의 마음이 생기면 교사는 어떠한 헌신이나 희생도 다 하게 됩니다.

미국의 매기 도인은 20대 처녀의 나이로 내전으로 폐허가 된 네팔의 아이들 50명을 자기 자녀로 삼았습니다. 아무도 돌봐주는 사람이 없어서 헐벗고 교육도 받지 못하는 아이들에게 집을 지어 주고 학교를 보내 주었습니다. 비록 20대 젊은 나이었지만, 그녀는 진짜 엄마보다 뛰어난 엄마였습니다.

지금 맡고 있는 반 아이들의 성장을 기대한다면, 모든 교회학교 교사들은 아이들의 부모가 되어야 합니다. 진짜 부모의 심정으로 사랑하고 기다리고 기대해야 합니다.

우리 교회에는 실제로 교사들에게 엄마나 아빠라는 호칭으로 부르는 학생들이 있습니다. 그 이유는 그 교사들이 진짜 엄마, 진짜 아빠와 같은 모습으로 아이들을 섬기기 때문에 그렇습니다. 교사들이 아이들의 영적인 부모가 될 때, 비로소 아이들의 성장이 일어나게 됩니다.

교사가 영적으로 좋은 부모가 되기 위해서는

부모가 되는 것은 쉽지만 부모 됨은 어려운 일입니다. 아이를 낳았다고 무조건 부모가 되는 것이 아닙니다. 진정한 부모가 되기 위해서는 많은 공부와 노력뿐 아니라 수많은 시행착오를 거쳐야 합니다. 좋은 부모일수록 많은 준비가 필요합니다.

그렇다면 교회학교 교사가 영적으로 좋은 부모가 되기 위해서 어떠한 준비가 필요할까요?

첫째는 자기 아이들에 대해서 능통함이 필요합니다.

우리 반 아이들이 무엇을 좋아하고 싫어하는지, 아이들의 가정환경과 부모의 모습은 어떠한지, 평소 친구 관계는 어떠하고, 그 아이들의 발달 단계에서 가장 중요한 것은 무엇이며, 지금 아이들이 직면하는 문화적 이슈는 무엇인지 샅샅이 파악해야 합니다.

우리 반 학생들의 이름이 나오면, 그 아이에 대한 모든 정보가 술술 나올 정도가 되어야 부모로서 준비되었다고 할 수 있습니다.

둘째는 말씀에 대한 능통함이 필요합니다.

교회학교 교사가 영적인 부모가 되는 데 있어서 최고의 매뉴얼은 성경 말씀입니다. 특별히 매주 아이들에게 전달해야 할 분반공부에 대해서는 능수능란해야 합니다.

교회학교 교사가 분반공부를 진행하는데, 책이나 교안을 들고 진행한다면, 아직 말씀에 대한 능통함이 약하다고 볼 수 있습니다. 한 주 증거해야 할 말씀의 분량은 그리 크지 않기 때문에, 완전히 숙달하면서 학생들에게 다가가야 합니다.

셋째는 반 운영에 대한 능통함이 필요합니다.

올해 당신이 교사로 부름받았으면 일 년간 반 아이들을 이끌고 매주 그들의 필요를 채워 주며 돌봐야 합니다.

아이들은 시즌에 따라서 다양한 접근이 필요합니다. 학기 초, 시험 기간, 축제, 소풍, 체육대회, 수학여행 기간, 방학 기간, 학기 말 기간 등으로 아이들의 필요가 있을 때마다 지혜롭게 접근해야 합니다.

교사의 영적 분량만큼 크는 아이들

가정에서도 부모가 성숙해야 아이들도 성숙할 수 있는 것처럼, 교회학교 교사들이 먼저 성숙과 성장을 경험할 때 그 반의 아이들 역시 성숙해지고 성장할 수 있게 됩니다. 늘 느끼는 것이지만 교육부서는 담당 교역자의 분량만큼 성장하게 됩니다. 각 반은 교사의 분량만큼 크게 됩니다.

여러 교회 학생들의 수련회를 인도하면서 느끼는 점이 있습니다. 어떤 교회는 영적으로 매우 뜨겁고, 어떤 교회는 영적으로 너무 메말라 있습니다.

그 차이가 어디에 있나 봤더니, 담당 교역자에게 있었습니다. 담당 교역자가 영적으로 불타오르는 교회 치고 아이들이 뜨겁지 않은 교회는 보지 못했습니다. 담당 교역자가 영적인 것에 큰 관심이 없을 때 그 부서 아이들은 차가운 영성을 소유할 수밖에 없습니다.

우리 선생님들이 맡고 있는 반에서도 동일한 원리가 적용됩니다. 선생님이 뜨거우면 아이들도 뜨겁고, 선생님이 차가우면 아이들도 차가울 가능성이 큽니다. 결국 교사의 영성이 학생의 영혼을 좌우하게 됩니다.

그렇다면 교사의 과제는 끊임없이 성장하고 성숙해지는 것입니다. 홍민기 목사님은 교사 영성의 성숙 조건으로 여섯 가지를 이야기했습니다.

첫째, 자기 인식을 할 수 있는 교사가 되어야 합니다.

교사가 영적인 것을 이야기하기 위해서는 내 수준이 어떠하고 내 모습이 어떠한지 교사가 정확히 알고 있어야 합니다.

둘째, 자기 통제가 되는 교사가 되어야 합니다.

성령의 열매 가운데 '절제'는 가장 마지막에 나옵니다. 교사들 가운데 자기 성격을 절제하지 못해서 교회에서 물의를 일으키는 분들이 있는데, 교사로서 무자격이라고 할 수 있습니다. 교사의 직분은 힘들기 때문에 늘 절제하고 자기 통제가 우선되어야 합니다.

셋째, 스스로 동기 부여하는 교사가 되어야 합니다.

끊임없이 영적인 양분을 공급받는 가운데 힘을 얻고 타인의 질책과 비난에 쉽게 무너지지 않아야 합니다.

넷째, 자신을 긍정적으로 바라볼 수 있는 교사여야 합니다.

교사가 자기 자신을 긍정적으로 보는 연습을 많이 할 때 반 아이들도 자신을 긍정적으로 보게 됩니다.

다섯째, 교사는 자아도취에 빠져서는 안 됩니다. 나는 너무 완벽하다든지, 뛰어나다든지, 아이들이 자기를 무조건 좋아한다든지 등의 생각 속에 있으면 매우 위험합니다.

여섯째, 학생 입장에서 생각하는 교사가 되어야 합니다.

모든 것을 학생들의 눈높이에서 생각하고, 그 아이의 입장에서 생각하는 감정이입 능력이 뛰어나야 합니다.[14]

교사가 영적으로 먼저 성장하는 데 힘쓸 때, 우리 반 아이들도 성장할 수 있다는 사실을 항상 기억해야 합니다.

교사가 성장하면 반드시 학생들은 열매를 얻는다

하워드 헨드릭스 교수의 책 『삶을 변화시키는 가르침』에 다음과 같은 이야기가 나옵니다. 헨드릭스 교수는 시카고에서 열린 주일학교 대회를 참석했는데, 여기서 상당히 나이가 든 할머니 한 분을 만납니다. 자그마치 83세였는데, 밤새 버스를 타고 시카고까지 힘들게 온 것이었습니다. 궁금하지 않을 수 없습니다.

"할머니, 어떻게 오셨어요?"

할머니는 질문하는 사람에게 잔잔한 어조로 말씀하셨습니다.

"내가 좀 더 나은 교사가 되도록 무엇인가 배우려고 왔습니다."

'여든이 넘은 늙은 할머니가 교사를 하면 얼마나 잘할 수 있을까?'라는 의문을 품을 수 있지만 이 할머니 교사는 끊임없이 배우려는 의지, 성장하는 의지가 강했습니다.

어찌 보면 매년 성장과 성숙을 체험하고 있는 교사였다고 볼 수 있는데, 이 할머니 교사 한 분 밑에서 84명의 교회 전임 사역자가 배출되었습니다.[15] 그 할머니는 나이를 뛰어넘어서 성장에 대한 갈망, 가르침에 대한 열정을 가지고 있었기 때문에 이러한 열매를 얻을 수 있었던 것입니다.

하워드 헨드릭스는 교사는 매일 성장을 갈망해야 한다고 강조합니다. 그는 "만일 당신이 오늘 성장을 멈춘다면 내일 가르침을 멈추어라."라고 말합니다.

그는 대학생 시절에, 늘 밤 11시까지 불이 켜져 있는 교수님의 연구실을 보고는 신기해서 질문했다고 합니다.

"왜 아직도 늦은 시간까지 공부하십니까?"

이때 교수님께서 말씀하셨습니다.

"나는 학생들에게 고여 있는 연못물보다는 흐르는 시냇물을 마시게 하고 싶네."[16]

100퍼센트 동의하는 말입니다. 오랜 시간 교사를 했다고, 또한 내가 영적으로 성숙했다고 자부하는 순간 넘어지게 되는 것입니다.

교사의 성장은 결코 타협하거나 멈출 수 없는 것입니다. 교사는 어느 정도 성장하고 멈추는 것에 만족하는 것이 아니라, 계속 성장해야 합니다. 교사의 직분을 내려놓는 그 순간까지 교사는 성장을 꿈꿔야 합니다. 그리고 교사가 성장하는 만큼 반 아이들도 함께 성장하게 됩니다.

8년간 드림교회 청소년부에서 꾸준히 성장을 경험하는 여러 선생님을 보았습니다. 이들에게 나타나는 공통적인 특징이 있는데,

우선 이들은 배움에 대한 열정이 강했습니다. 또한 교사 모임에 절대로 빠지지 않았습니다. 교회 안에 있는 교사들을 향한 프로그램이 있으면 만사를 제쳐두고 참석하는 분들이었습니다. 반을 맡기만 하면 성장을 시키고, 그 반 아이들은 교회 수련회, 제자훈련 등 모든 프로그램에 늘 적극적으로 참여했습니다.

계속 좋은 열매를 갖고 오는 교사가 신기해서 질문했습니다.
"집사님의 반 관리와 부흥의 노하우는 무엇입니까?"
"간단합니다. 목사님이 가르치시는 대로만 했습니다."
교회 안에서 성장과 성숙에 대한 끊임없는 갈망이 그분을 성장시켰고, 그분으로 인해서 그의 반은 늘 우수반이 되었습니다.

8.
헌신
Commitment

> 지금 우리 반 아이들을 위해서 내가 헌신하고 있는 목록을 한번 적어 보십시오.
> 교육의 능력 차이는 헌신의 정도 차이와 비례하게 되어 있습니다.

　교육 현장을 보면 가끔 기적 같은 일들이 일어납니다. 거의 전교 꼴등하던 학생이 갑자기 1-2년 만에 전교 10등 안에 든다든지, 인생을 자포하기했던 학생이 갑자기 정신 차리고 공부해서 좋은 대학교에 진학하게 되는 경우가 생깁니다.

　용인 향상교회 고등부에서 사역하는 김보성 목사님은 그분 인생을 중학교 2학년 전후로 구분합니다. 중2 때까지는 이른바 학교에서 꼴통이었고, 비전도 꿈도 미래도 없는 학생이었습니다. 늘 하위권의 밑바닥 성적이 전부였습니다.
　그런데 중2 끝날 무렵, 겨울 방학 때 담임선생님이 반에 있는 꼴통 4명을 데리고 갑자기 거제도로 여행을 갔습니다.

처음에는 어디로 끌고 가서 정신 교육을 시키는 줄 알고 근심하며 따라나섰습니다. 그런데 함께 좋은 식당에서 맛있는 음식을 먹고, 또 좋은 곳에서 즐겁게 숙박하는 것이었습니다. 그때 선생님께서 말씀하셨습니다.

"너희들은 아깝지 않은 존재다. 너희들 모두 가치가 있다. 왜 스스로를 포기하려고 하느냐? 절대 포기하지 마라!"

이것이 자극제가 되고 도전이 되어, 김보성 목사님은 중3 때 열심히 공부했고, 인문계 고등학교에 진학할 수 있었다고 합니다. 결국 그때 담임이었던 김재하 선생님의 헌신이 있었기에 지금의 김보성 목사가 있게 된 것입니다.

진정한 가르침은 교사의 헌신에서 시작된다

교사의 헌신은 기적을 만들어 냅니다. 헌신(獻身)이라는 말은 한자 단어처럼 '몸을 바치는 것'입니다. 교사가 자신의 몸과 마음을 다하여 한 학생을 위해 수고할 때, 반드시 그 열매가 맺히게 됩니다.

청소년 사역단체 '브리지임팩트'의 홍민기 목사님은 미국 뉴욕에서 사역할 때 50명이던 학생들이 10개월 만에 150명으로 증가하였습니다. 그 이유는 학교 앞에 가서 아이들 수업이 끝나기만 기다렸

다가 계속 만나고, 또 만났기 때문입니다. 주변에 있는 학교 20군데를 돌면서 매일 아이들을 만났기 때문에 열매가 맺혔던 것입니다.[17]

나 역시 매일 점심이면 아이들을 만나러 학교에 갑니다. 학기 중 점심시간에는 누구와 함께 식사하기가 어렵습니다. 아니, 안 합니다. 왜냐하면 아이들을 만나야 할 가장 중요한 시간이기 때문에 그렇습니다.

우리 교회 아이들이 속해 있는 40개의 중고등학교를 매일 돌면서 만납니다. 학교에 가면 짧은 만남이지만 아이들이 너무 좋아합니다. 아이들이 행복해하고 기뻐하는 일이 중요하지, 내가 누구랑 식사하는 것이 뭐가 중요하겠습니까?

또한 아이들이 많다 보니까 쉬는 월요일, 저녁 시간, 심야 시간을 가리지 않고 아이들에게 연락이 옵니다. 나는 가장 효과적인 사역은 아이들의 필요에 즉각적으로 반응해주는 것이라고 생각하고 있습니다. 내 편리와 안위를 생각하면 결코 아이들의 필요에 100퍼센트 반응할 수 없다고 생각합니다.

한번은 새벽 예배를 가려고 일어났는데, 새벽 4시 30분 즈음에 메시지가 와 있었습니다.

"목사님 어디세요? 저희 춥고 배고픈데, 어디세요?"

흔히 동네에서 양아치 짓을 하는 아이들인데, 내게는 자식과 똑같은 아이들입니다. 새벽기도 가면서, 교회 근처 편의점으로 오라고 했더니 모두 왔습니다.

편의점 음식을 사 먹이고, 교회로 데려와서 모두 기도실에서 재웠습니다. 이렇게 헌신해서 아이들을 만나게 되면, 아이들에게 영향력을 행사할 수 있습니다.

한번 이렇게 아이들과 관계가 형성되면, 아이들은 부모의 말이나 학교 교사의 말은 듣지 않아도, 내 말은 듣게 됩니다. 아무리 나쁜 짓을 많이 하는 아이들도, 내가 무슨 말을 하면 최소한 알아듣는 시늉은 다 하게 됩니다. 다른 어른에게는 반항하더라도 내게는 고분고분합니다. 이게 헌신의 위력이 아닐까요?

브루스 윌킨스는 하워드 헨드릭스를 최고의 교수라고 하며 늘 존경했습니다. 그 이유는 단지 신학교에서 잘 가르쳐서가 아니었습니다. 하워드 헨드릭스 교수의 가르침에 대한 헌신 때문에 그렇습니다. 그는 가르침은 헌신이라고 정의하였습니다. 학생들 가운데 공부에 집중하지 못하는 학생이 있다면 끝까지 여러 가지 방법을 동원해서 집중시켰습니다.

학생들을 절대 포기하지 않고 수단과 방법을 다해서 열심히 가르치는 모습을 보면서, '가르침은 헌신'이라고 했던 것입니다. 맞습니다. 진정한 가르침은 헌신입니다. 교사가 자신의 몸을 사리지 않고 던질 때 진정한 가르침이 나타나게 되는 것입니다.

나는 고3 때 담임선생님을 참 잘 만났습니다. 사회 과목을 가르쳤던 김승 선생님이셨습니다. 아직도 잊을 수 없는 것은 고3이 되고 첫날 학교에 갔더니 선생님께서 홀로 청소를 하면서 "너희들은 빨리 들어가서 공부하라."고 하셨습니다. 성적이 오름에 따라서 자신의 사비로 학생들에게 일일이 선물도 주셨습니다.

어떠한 일이 있더라도 야간 자율학습 시간에 우리 교실을 떠나지 않고 지키셨습니다. 내가 다닌 고등학교는 고3 교사들에게 어떠한 인센티브도 없었던 일반 공립학교였습니다.

우리 반은 이러한 선생님의 헌신 때문에, 다른 반보다 2시간을 더 공부하였습니다. 물론 자발적이었습니다. 그 결과 다른 반보다 평균 점수가 20점이 높았습니다.

결국 입시 결과도 다른 반보다 2-3배 더 좋았습니다. 교사의 헌신이 바탕이 된 가르침이 학생들에게 영향력을 행사할 수 있는 진짜 가르침이라는 것입니다. 진정한 가르침은 교사의 헌신에서 시작됩니다.

나는 과연 헌신하는 교사인가?

혹시 이런 생각을 해본 적이 있습니까?
'왜 아이들이 내 말은 듣지 않을까?'
'왜 아이들이 나를 좋아하지 않는 것일까?'
'왜 나는 능력이 없는 교사일까?'
그렇다면 자신에게 이렇게 되물어보길 바랍니다.
'과연 나는 아이들에게 얼마나 헌신을 했는가?'

지금 우리 반 아이들을 위해서 내가 헌신하고 있는 목록을 한번 적어 보십시오. 교육의 능력 차이는 헌신의 정도 차이와 비례하게 되어 있습니다.

교회가 크다 보니, 교회 안에 별의별 학생들이 다 모입니다. 그러다 보니 말썽꾼 아이들이 교회에 꽤 있습니다. 이런 친구들은 보통 선생님들이 기피하기 일쑤입니다. 그런데 유독 그런 친구들만 도맡는 교사가 있습니다.

전혀 변화되지 않을 것 같고, 꼴통과 같은 아이들이 시간이 지나면서 서서히 달라집니다. 다른 교사가 맡았을 때는 교회도 잘 안 나오던 아이들이, 우선 결석을 하지 않습니다. 그리고 수련회나 교회 행사에 참여하기 시작합니다. 하루아침에 180도 변하는 것은 힘들지만 점진적인 변화는 일어나게 됩니다.

한번은 이 꼴통 무리들에게 질문했습니다.

"너희 선생님은 어떠니?"

"저희는 무조건 저 선생님과 같은 분과 결혼할 것입니다. 저희를 진심으로 사랑하는 것이 느껴집니다. 저희를 이렇게까지 사랑해주는 선생님은 처음입니다."

아이들은 모든 것을 다 알고 있습니다. 선생님이 나를 위해서 어느 정도 헌신하고, 얼마나 수고하는지. 그리고 그 헌신의 마음을 아이들이 읽을 때 변화가 나타나는 것입니다.

요즘 한국 교회 교회학교가 안 된다는 이야기를 많이 하는데, 어쩌면 과거처럼 헌신하는 교사들이 줄었기 때문이 아닐까 생각해봅니다. 교회 아이들을 자기 자녀와 같이 여기면서 섬기는 교사들만 있다면 교회학교가 안 되는 게 더 이상한 일입니다.

드림교회 교회학교의 부흥의 열쇠가 무엇이냐는 질문을 많이 받습니다. 몇 가지를 소개하는데, 그중에 빼놓을 수 없는 것이 있다면 헌신된 교사들입니다. 나는 이러한 표현을 자주 사용합니다.

'우리 교사 클래스는 다른 교회와 차원이 다르다!'

아직도 진심으로 아이들을 섬기고 아이들을 위해서 희생하는 헌신적인 교사가 결국 교회학교를 살리고 있는 것입니다.

교사에게 필요한 세 가지 헌신

그렇다면 교사들은 어떠한 방법으로 아이들을 위해서 헌신할 수 있을까요? 나는 크게 세 가지의 헌신이 필요하다고 생각합니다.

첫째, 기도로 헌신하라

우리 교회에 유독 반 관리를 잘하는 집사님이 있습니다. 하루는 그분과 대화하는 가운데 반 관리 비법 이야기를 들었는데, 핵심은 기도였습니다. 매일 새벽기도에 나오시는 분인데, 반 아이들의 기도제목이 적힌 기도 수첩을 들고 오셨습니다. 그리고 그 수첩에는 한 페이지에 하나씩 아이들의 기도제목이 적혀 있습니다.

처음에는 학생 한 명당 1-2줄의 기도제목을 적는데, 시간이 지나면서 4-5줄로 늘어나다가 결국 한 페이지 전체를 채운다고 합니다. 한 아이를 사랑하는 마음을 가지고 계속 기도하다 보면, 그 아이의 필요가 자꾸 떠오르게 되고, 그것을 기도 수첩에 적으며 기도하는 가운데 기도의 내용이 늘어간다는 것입니다.

결국 학 학생을 위한 기도제목이 한 페이지나 되는 것입니다. 이 정도로 기도하는데, 그 반이 관리가 안 되는 것이 이상하지 않겠습니까?

기도의 헌신은 반드시 한 영혼을 변화시키게 됩니다.

홍민기 목사님은 교육 부서에서 학생들을 위해서 기도할 때 이렇게 하면 좋다고 했습니다.

첫째는 기도의 리스트를 가지고 기도하라는 것입니다. 아이들 한 명 한 명에 대한 기도제목을 갖고 각 반 선생님들이 기도 시간을 정해놓고 아이들의 이름을 불러 가면서, 그 아이의 기도제목을 가지고 기도하는 것입니다.

둘째는 교육 부서 안에 사역자와 교사들 중심으로 중보기도 팀을 만들어서 기도하는 것입니다. 매 순간 아이들의 기도제목에 민감하게 반응하면서 함께 중보기도를 할 때 응답의 효과는 더 큽니다.

셋째는 학생들과 교사들의 기도제목을 가지고 기도 달력을 만들어서, 그 달력을 보며 함께 기도하는 방법이 있습니다.[18]

둘째, 시간으로 헌신하라

교사의 사역은 주일에 1시간 분반공부 인도하고 끝나는 것이 아닙니다. 교사됨의 가장 큰 자격 가운데 하나는 시간을 헌신하는 것입니다. 반 관리를 잘하고 못하고는 결국에 시간의 헌신을 얼마나 하느냐에 달려 있습니다.[19]

하나님께서는 우리가 아이들을 위해서 투자하는 1분 1초도 버리지 않으시고, 아이들을 생각하면서 흘린 눈물을 한 방울도 잊지 않으십니다. 교육은 반드시 투자한 시간과 비례할 수밖에 없습니다.

아이들이 결석을 했는데도 돌아오는 주말까지 기다리다가 겨우 토요일에 전화한다면, 이 교사는 시간의 헌신을 잘 못하고 있는 것입니다. 우리 반 아이가 교회에 오지 않았으면, 바로 그날 전화하고 연락하는 것이 맞습니다. 주중에도 내 시간을 쪼개어서 아이들과 연락하고, 필요하면 만나야 합니다.

우리 반 아이들의 성장은 결국 선생님의 시간이 얼마나 투자되었냐에 비례할 수 있습니다. 교회에 반 관리를 매우 잘하는 선생님이 있습니다. 이분은 자기 반 아이들을 만나기 위해 회사 점심시간을 이용하여, 각 학교를 찾아가서 만나고 간식을 사 주었습니다.

전에 어떤 베테랑 청소년 사역자 한 분이 이런 말을 했습니다.
"요즘 젊은 사역자들은 노가다를 하지 않는다!"
노가다라는 것은 몸을 쓰면서 고생하는 사역을 뜻합니다. 밤이건 낮이건 내 시간을 쓰고 고생하면서, 아이들을 찾아다니는 것을 하지 않는다는 것입니다.

셋째, 물질로 헌신하라

우리 부서 탐방을 오면 많이 하는 질문 중 하나가 이것입니다.

"분반공부 때 반 아이들이 간식을 먹고 있는데, 이것은 누가 사주는 것입니까?"

우리 교회에서는 교사 사비로 간식비를 지출하고 있습니다. 간혹 아이들이 자기 반 선생님이 교회에서 월급을 받는 것으로 착각하고 오해해서, 내가 혼을 내고 풀어주기도 합니다.

종교개혁자들이 흔히 했던 표현 가운데 하나가 "진정한 회심은 주머니의 회심이다."였는데, 교사의 진정한 헌신의 수준도 자신의 주머니 사용에 달려 있다고 봅니다.

어떠한 교사들은 자꾸 교회 돈만 사용하려고 합니다. 작은 볼펜 하나를 구입하는 것도 다 교회 재정을 사용하려고 합니다. 이러한 교사들이 있는 교육 부서는 잘되기 어렵습니다.

나는 거의 매일 아이들을 만나고 있습니다. 보통 만나면, 최소 5천 원 이상 나가는 햄버거 세트는 먹어야 합니다. 많은 사역자들이 하는 질문이, 교회에서 심방비가 지출되느냐 하는 것입니다.

나도 내 주머니를 털고 있습니다. 물론 교회에 요청해서 일정량의 심방비를 받을 수도 있고, 수입이 적은 전도사님이나 목사님은 당연히 그렇게 해야 한다고 생각합니다.

그런데 내 돈 쓸 때와 교회 돈 쓸 때 느낌이 다른 것을 아십니까? 내 돈을 쓰면 무척 아깝습니다. 내 돈은 귀하다는 생각이 많이 듭니다. 하지만 교회 돈을 쓸 때의 마음은 내 돈 쓸 때와는 느낌이 다른 것이 사실입니다.

전도 집회 같은 행사를 앞두고는 하루에도 3-4팀의 아이들을 만나면서 맛있는 걸 사 주면서 전도합니다. 어떤 때는 교회에서 받은 사례비를 10일 안에 다 쓰기도 합니다. 물론 주님께서 다른 방법으로 다 채워 주시긴 합니다.

개인 돈을 쓰면서 아이들을 만나는 이유는 그게 편하기 때문입니다. 아이들이 너무 좋아하고 행복해하는 모습을 보는 것으로 족하기 때문입니다. 우리 부서 예산은 다른 용도로 사용되어야 하고, 더 큰 목적을 위해 아껴서 사용되어야 합니다. 그래야 부서가 성장하고, 더 많은 아이들이 골고루 혜택을 누릴 수 있다고 생각하기 때문입니다.

나뿐만 아니라, 우리 교회 교사들은 이러한 정신으로 물질을 헌신하고 있습니다. 우리 교회는 교육 부서 예산이 아주 많은 편은 아닙니다. 특히 수련회나 성경학교를 할 때 교회 재정을 그렇게 많이 사용하지 않습니다. 교사들의 물질의 헌신이 많이 들어갑니다.

어떤 부서는 아예 교회 재정을 건드리지 않기도 합니다. 왜냐하면 아껴서 다른 때 아이들을 위해서 집중적으로 쓰기 위함입니다.

교사들의 참된 헌신은 물질의 헌신에 있다고 봅니다. 그렇다고 해서 물질의 헌신이 돈의 액수에 달려 있는 것은 아닙니다. 간혹 선생님들 가운데 물질의 헌신을 하고 싶어도 못하시는 분들이 계십니다. 실제로 아이들은 비싼 것에 감동하는 것이 아니라, 작은 것이어도 그 안에 사랑이 담겨 있을 때 감동합니다.

돈이 없는 교사의 1만 원의 헌신은 하나님 보시기에 부자의 1억의 헌신 가치와 같을 것입니다. 교사들에게 물질의 헌신은 '지금 내가 아이들을 위해서 쓰는 것이 아까운가, 아깝지 않은가?'라는 마음에 달려 있다고 봅니다.

잘되는 교회학교에서는 헌신하는 교사들이 많이 있습니다. 이들은 어쩔 수 없이 헌신하는 것이 아니라 헌신하는 것 자체를 즐기고 있습니다.

당신은 지금 헌신하고 있습니까? 교사가 우리 반 아이들에게 참되게 헌신하고 있을 때, 교사노릇을 하고 있는 것입니다. 이렇게 헌신하는 교사들이 계속 세워질 때, 우리 교육 부서가 성장하고 부흥하게 되는 것입니다.

9.
진짜 사랑
Real Love

> "
> 우리는 지식만 전달하는 교사가 아니라 사랑도 나르는 교사가 되어야 합니다. 교사로서 매일 고민해야 하는 것은 '어떻게 하면 우리 반 아이를 좀 더 사랑할까?'여야 합니다. 사랑하면 결국 아이들은 변화됩니다.
> "

교회학교 교사가 해야 할 가장 중요한 일은 무엇일까요? 그것은 바로 학생들을 믿음 안에서 성장시키고 변화시키는 것입니다. 그러면 무엇이 학생들을 변화시킬 수 있을까요? 나는 선생님의 사랑밖에 없다고 믿습니다.

한 기자가 테레사 수녀님에게 물었습니다.

"어떻게 그렇게 많은 사람을 사랑으로 변화시킬 수 있었습니까?"

그녀가 대답했습니다.

"글쎄요, 저는 단지 한 번에 한 사람을 사랑했을 뿐입니다."[20]

교회학교에서 선생님들에게 진짜 학생들을 사랑하는 마음이 있다면, 아이들은 얼마든지 변화됩니다. 여기서 진짜라는 표현을 사용했는데, 그 이유는 교사들 가운데 아이들을 사랑하지 않는 교사는 없기 때문에 그렇습니다.

하지만 사랑의 정도는 교사마다 다른 것 같습니다. 어떤 교사들은 진짜 사랑이라고 주장하는데, 학생들은 그렇게 느끼지 않는 경우도 있습니다. 엄밀히 말하면 학생들은 지금 선생님의 사랑이 진짜인지 아닌지를 다 구분해냅니다. 지금 우리 아이들에게 필요한 것은 선생님의 진짜 사랑밖에 없습니다.

가르치려고 하지 말고, 사랑하라

이 시대 우리 아이들은 사랑에 메말라 있습니다. 진정으로 이들을 사랑해주는 사람들이 과거보다 확실히 줄어든 것 같습니다. 이들에게 투자하는 사람들은 많은데, 진정한 사랑을 주는 이들은 확실히 적어졌습니다.

점심시간을 이용해서 한 중학교에 갔더니, 학생 한 명이 3층 창문을 통해서 내가 오는 모습을 보고 크게 외칩니다.

"목사님~!"

이 외침은 마치 내가 오는 것을 크게 기다렸다는 간절함 속에서 온 외침이었습니다. 하루는 병원에 갔다가 우연히, 그 병원에 입원

한 우리 교회 학생을 한 명 만났는데 그 학생이 "목사님~!" 하고 동일한 목소리로 불렀습니다. 사랑에 고파 있는 아이들의 외침이었습니다.

우리 주변에 이렇게 직접적으로 외치는 아이들은 많아 보이지 않지만, 수많은 아이들이 마음속으로는 "선생님, 전도사님, 목사님"을 계속 외치고 있습니다. 그 목소리를 들을 줄 아는 사람이 아이들을 사랑하는 교사입니다.

지금 선생님들의 가장 중요한 역할은 이렇게 사랑에 목말라 있는 아이들을 찾아서, 사랑해주면 되는 것입니다. 그래서 김인환 목사님은 선생님들에게 제발 가르치려고 하지 말고, 사랑하라고 말할 정도입니다.

아이들이 지금 원하고 있는 것도 지식이 아닌 사랑이라고 합니다. 교사의 사명은 내가 아는 것을 가르치는 지식 전달자가 아니라 삶으로 보여 주는 사랑의 전달자라고 말합니다.

한국 교회 교회학교가 무너진 것은 가르침이 부족해서가 아니라, 아이들을 진심으로 사랑하지 않고 지식만 전달하려고 했기 때문입니다. 아이들을 제대로 사랑해주기만 하면 우리 교회학교는 얼마든지 일어날 수 있게 됩니다.[21]

많은 선생님들이 분반공부 시간을 힘들어하고 있습니다. 한쪽에서는 분반공부 폐지론이 대두될 정도입니다. 지금 우리의 분반공부는 세 개의 악재 속에 있습니다. 첫째로 공부할 시간이 너무 짧다는 것입니다. 둘째로 제대로 공부할 공간이 없다는 것입니다. 셋째로 아이들은 공부할 마음이 전혀 없다는 것입니다.

실제로 우리는 매 주일 다른 반 목소리가 다 들리는 시끄러운 공간에서 기껏해야 10-15분 정도 분반공부를 진행하고 있습니다. 그런데 아이들은 그 시간도 길다고 아우성입니다. 선생님은 어떻게 해서든지 짧은 시간에 한 개라도 더 주입시키려고 발버둥칩니다. 이렇게 가서는 아무런 소망이 없습니다.

지금 선생님들에게 필요한 것은 분반공부 시간에 지식을 전달하려고 하는 것이 아니라 그리스도의 사랑을 나누려고 애쓰는 것입니다. 선생님의 마음이 전달되면 아이들의 태도가 달라집니다. 아이들이 선생님의 사랑의 마음을 깨닫게 되면 떠들지 않게 됩니다. 집중하게 됩니다. 그 시간이 너무 짧다고 느끼며, 집에 가지 않으려고 할 것입니다.

아이들을 사랑하게 되면
프로그램은 알아서 만들어진다

청소년 사역의 전문가로 알려져 있는 안산동산고등학교의 교목 임출호 목사님에게 많은 후배 사역자들이 이러한 질문을 한다고 합니다.

"어떻게 해야 아이들 사역을 잘할 수 있습니까?"
"청소년 사역의 획기적인 프로그램으로는 무엇이 있을까요?"

그런데 그분의 답은 의외로 단순합니다. 그냥 아이들을 사랑하라는 것입니다. 그냥 사랑하는 정도가 아니라 정말로 아이들을 사랑하게 되면, 프로그램도 나오고 아이디어도 쏟아진다고 합니다.[22] 이 말에 백번 공감합니다.

나 역시 청소년 사역을 교회 안에서만 20년 넘게 하고 있는데, 프로그램은 전혀 고갈되지 않습니다. 주일에 출석상으로 피자를 주는 피자데이를 몇 년 하다 보니 아이들이 식상해하는 것 같아서, 그다음에는 치킨을 주는 치킨데이를 시도했습니다.

그러다가 아이들이 더 좋아하는 것을 고민하던 끝에, 주일에 예배 시간에 삼겹살데이를 시도했습니다. 교회 앞마당에서 수백 명의 아이들이 삼겹살을 먹는다는 것은 상상만 해도 즐거운 일이었습니다. 아이들이 직전 주보다 160명이나 더 왔습니다.

그리고 수련회를 준비하면서, 아이들을 위해서 무엇을 할까 생각하다가, '짜장면데이'라는 것을 했습니다. 한 학년 전체가 주일에 배달 음식인 짜장면을 먹게 되는 것입니다. 이런 '데이' 말고도 여러 프로그램들을 기획하는 이유는 딱 한 가지 때문입니다.

"우리 아이들이 더 좋아하면 좋겠다."

"우리 아이들이 더 행복하면 좋겠다."

매일 그 고민을 하면서 살아가니까 프로그램이 나왔습니다. 아이들을 사랑하면 프로그램은 얼마든지 기획할 수 있습니다.

아이들에게 무엇을 해 줄 수 있을까?

미국에서 사역할 때 교회도 작고 예산도 적어서, 아이들에게 무엇을 해주고 싶어도 줄 수 있는 게 없었습니다. 작은 공간에서 매주 예배드리고 함께 성경공부하는 것이 전부였습니다. 늘 마음속으로는 '이 아이들에게 무엇을 해줄 수 있을까?'라는 고민을 했습니다.

교회가 작고 일꾼이 부족해서 교사도 없는 상태였기 때문에 이 문제를 누구와 상의할 수도 없었습니다. 그래서 나온 아이디어가

한 달에 한 번씩 학부모님들과 회의하는 일이었습니다. 자기 자녀의 교육에 대한 관심은 대형 교회나 개척 교회나 모두 높기 때문입니다.

매달 회의가 진행되자 부모님들에게서 의외로 좋은 아이디어가 많이 나왔습니다. 또한 그 아이디어를 자발적으로 실행했습니다. 한번은 어떤 부모가 예배 공간이 너무나도 낙후되었는데, 리모델링을 하자는 제안을 하였습니다.

꽤 규모가 되는 공사였는데 모두 다 동의하였고, 그 주간에 모든 분들이 교회에 와서 페인트를 칠하며 인테리어 작업을 끝마쳤습니다. 교회 예산이 1원도 안 들어가고, 부모들이 조금씩 헌신한 것입니다.

아이들의 변화는 사랑으로만 가능하다

아무리 많은 지식을 아이들에게 전달한다고 해서 아이들이 찰떡같이 듣고 달라지는 법은 거의 없습니다. 아마 그랬다면, 매주 설교를 듣는 대한민국 교인들은 모두 성자가 되었어야 하지만, 여전히 다들 그 자리에 있습니다.

목회자들은 매주 아이들에게 설교를 하지만, 아이들은 달라지지 않습니다. 선생님들은 매주 아이들에게 성경을 가르치지만 아이들은 달라지지 않습니다. 왜 그럴까요? 사랑이 빠져 있어서 그렇습니다. 진정한 사랑이 들어가면 아이들에게 변화가 몰려오게 됩니다.

원천침례교회 김요셉 목사님의 설교 가운데 들은 내용입니다. 한국에서 학교를 다니다가 아버지의 안식년으로 가족 모두 미국에 갔을 때, 미국 학교에 처음으로 등교한 날 그 첫 수업 시간이 영어 스펠링을 쓰는 시간이었답니다.

영어도 잘 못하는데, 스펠링 테스트를 하니까 엄청난 부담이 가는 수업이었습니다. 그 순간에 선생님께서 말씀하셨습니다.

"요셉아, 너는 칠판에 나와서 테스트를 받아라."

청천벽력과 같은 이야기였습니다. 순간적으로 이런 생각이 들었습니다.

'영어도 잘 모르는 나를 앞으로 불러 세워서 스펠링 테스트를 시키는 것은 정말 너무 잔인하다.'

그런데 선생님께서 학생들을 향해서 이렇게 말씀하셨습니다.

"얘들아, 요셉은 한국에서 온 아이야. 요셉은 한국에서 영어를 배운 것이 아니라 한국말을 배우고 왔거든. 그래서 한국말을 잘해."

"요셉아, 너 선생님 이름 한국말로 써볼래?"

선생님 이름이 샤프였는데, 샤프라고 쓰자, 다른 학생들의 눈이 휘둥그레지면서, 손을 서로 들면서 "내 이름도 써 줄래?"라고 요청하는 것입니다.

이날 이 일은 어린 요셉에게 큰 교훈을 주었습니다. 선생님은 이 아이가 영어를 잘하느냐 못하느냐를 봤던 것이 아니라, 한 아이의 존재의 중요성을 봤던 것입니다.

만약에 영어 하나로 아이를 평가했더라면, 그 아이는 영영 영어도 못하고 공부도 못하는 아이로 낙인찍혀서, 수업 시간마다 주눅들고 힘들었을 것입니다. 하지만 선생님은 그 아이를 영어 못하는 아이로 본 것이 아니라, 그 아이 내면을 들여다본 것이었습니다.

그 아이를 진심으로 사랑하는 마음으로 대했고, 그의 내면 깊은 곳을 만진 것입니다. 선생님의 사랑이 가득 담긴 깊은 배려가 김요셉 어린이를 미국에 잘 정착하도록 도운 것입니다. 이 사건을 계기로 학교에서 공부도 잘하고 학교생활을 잘하게 되었다는 김요셉 목사의 스토리입니다.

사람은 가르침 그 자체를 통해서 변화되는 것이 아니라 가르치는 이의 사랑을 통해서 변화됩니다. 선생님의 사랑의 마음이 학생에게 전달될 때 학생의 영혼이 깨어나게 되는 것입니다. 그래서 우리는 자꾸 지식을 전달하는 교사를 넘어 사랑을 나르는 교사가 되어야 합니다. 교사로서 매일 고민해야 하는 것은 '어떻게 하면 우리 반 아이를 좀 더 사랑할까?'여야 합니다. 사랑하면 결국 아이들은 변화됩니다.

사랑은 엄청난 힘을 가지고 있다

1976년 엘리자베스 사일런스 볼라드는 「홈 라이프」라는 잡지에 "어느 초등학교 교사의 눈물"이라는 글을 기고하였습니다. 여기에는 톰슨이라는 여교사와 테디라는 5학년 남학생이 등장합니다.

톰슨 선생님은 5학년 반 담임을 맡았고, 개학날 모든 아이들에게 "너희 모두를 똑같이 사랑한다."라고 말했습니다. 그런데 바로 앞자리에 구부정하게 앉아 있는 테디라는 아이를 보니, 그 말을 실천할 수 없었을 것 같았습니다.

테디를 유심히 보니 다른 아이들과 잘 어울리지도 못하고 옷도 더러우며 잘 씻지도 않은 아이였습니다. 공부를 잘 못하는 것은 물론이거니와 이것저것 볼 때마다 불쾌한 기분을 주는 아이였습니다.

그러던 중 톰슨 선생님은 교무실에서 우연히 테디의 예전 생활기록부를 보았는데, 깜짝 놀랐습니다. 1학년 때 담임선생님은 테디에 대해서 이렇게 썼습니다.

"잘 웃고 밝은 아이임. 일을 깔끔하게 잘 마무리하고 예절이 바름. 함께 있으면 즐거운 아이임."

2학년 때 담임선생님은 이렇게 기록했습니다.

"반 친구들이 좋아하는 훌륭한 학생임. 어머니가 불치병을 앓고 있음. 가정생활이 어려울 것으로 보임."

3학년 때 담임선생님의 기록은 이러했습니다.

"어머니가 돌아가셔서 마음고생을 많이 함. 스스로는 최선을 다하지만 아버지가 별로 관심이 없음. 어떤 조치가 없으면 곧 가정생활이 학교생활에 영향을 미칠 것임."

4학년 때 담임선생님의 기록입니다.

"내성적이고 학교에 관심이 없음. 친구가 많지 않고 수업시간에 잠을 자기도 함."

여기까지 읽은 다음에 톰슨 선생님은 비로소 문제를 깨달았고 한없이 부끄러워졌습니다.

크리스마스 날, 반 아이들은 선생님을 위해 예쁜 리본에 화려한

포장지의 선물을 가져왔는데, 테디만 누런색 식료품 봉투에 어설프게 포장한 선물을 내밀었습니다. 선생님은 가장 먼저 테디의 선물을 뜯었는데, 그 안에는 알이 몇 개 빠진 가짜 다이아몬드 팔찌와 사분의 일만 차 있는 향수병이 있었습니다. 아이들 몇몇은 그것을 보고 웃었습니다.

그러나 선생님은 팔찌를 차면서 정말 예쁘다고 말했고, 향수를 손목에 뿌리자 아이들의 웃음이 잦아들었습니다. 테디는 그날 방과 후에 남아서 이렇게 말했습니다.

"선생님, 오늘 꼭 우리 엄마에게서 나던 향기가 났어요."

톰슨 선생님은 그날 아이들이 다 돌아간 후에 한 시간을 울었습니다. 그리고 아이들을 진정으로 사랑하며 가르친다는 것이 무엇인지에 대해서 생각하기 시작했습니다.

그 후로 선생님은 테디를 특별하게 대했습니다. 테디에게 공부를 가르쳐 줄 때면 테디의 눈빛이 살아나는 듯했습니다. 테디에게 격려할 때마다 테디는 더 열심히 공부하기 시작했습니다. 결국 테디는 반에서 공부를 제일 잘하는 학생이 되었습니다.

일 년 후에 교무실 문 아래서 테디가 쓴 쪽지를 발견했습니다. 거기에는 "톰슨 선생님은 제 평생 최고의 교사였습니다."라고 쓰여 있었습니다.

6년이 흘러 선생님은 테디에게 또 쪽지를 받았습니다. 고등학교를 반에서 2등으로 졸업했고, 여전히 선생님은 평생 최고의 선생님이라는 내용이었습니다.

몇 년이 흘러 또 한 통의 편지가 왔습니다. 대학을 졸업한 후에 공부를 더 하기로 마음먹고 계속 공부한다고 써 있었고, 여전히 선생님은 평생 최고의 선생님, 내가 가장 좋아하는 선생님이라고 쓰여 있었습니다. 하지만 이번에는 편지가 조금 더 길었고, 맨 아래, 테디 스토다드 박사라고 사인이 되어 있었습니다.

그리고 그해 봄에 한 통의 편지가 더 왔습니다. 테디는 여자를 만나 결혼하게 되었는데, 선생님이 오셔서 어머니 자리에 앉아주실 수 있는지를 물었습니다.

선생님은 결혼식 날 그 가짜 다이아몬드 팔찌를 차고 그 향수를 뿌리고 예식에 참석했습니다. 결혼식장에서 테디는 선생님을 바라보며 말했습니다.

"선생님, 절 믿어주셔서 감사합니다. 제가 중요한 사람이라고 생각할 수 있게 해주셔서, 그리고 제가 훌륭한 일을 해낼 수 있다는 것을 알게 해주셔서 정말 감사합니다."

참 감동적인 스토리입니다. 만약에 이러한 일이 교회 안에서 일어난다면 대한민국 교회학교는 희망이 있을 것입니다. 톰슨 선생님처럼 한 아이를 진정으로 사랑해주는 선생님이 많아진다면 교회학교에는 큰 역사가 일어날 것입니다.

지금 한국 교회 각 부서에 가장 필요한 것은 담임 목사의 관심, 교역자의 열심, 풍성한 예산이 아니라, 아이들을 진심으로 사랑해주는 교사입니다. 아이들의 변화에는 사랑밖에 없습니다. 사랑은 엄청난 힘을 가지고 있습니다.

예수님의 가르침의 힘은 사랑에 있었습니다. 예수님은 자신을 욕하고 저주하며 멀리 떠나버린 배은망덕한 제자들을 직접 찾아가셨습니다. 그러고는 그들의 과오와 죄를 지적하거나 거기서 무엇인가 새로운 것을 가르치려고 하지 않으셨습니다. 그냥 사랑하셨습니다.

베드로가 예수님의 사랑의 마음이 비로소 느끼게 될 때, 그는 결국 변화되었습니다. 그리고는 초대 교회의 최고의 리더가 됩니다.

교육의 본질은 사랑에 있습니다. 교사가 더욱더 사랑할 때 역사는 일어나게 됩니다. 아무리 열악하고 어려운 환경 속에서도 교사의 진심 어린 사랑만 있으면 아이들의 변화의 역사는 오늘도 진행형이 될 것입니다.

10.
비전: 교사 세우기
Vision: One More Teacher

> "우리의 비전과 목표는 지금 우리가 가르치고 있는 그 학생이 바로 교사가 되는 것입니다. 그럴 때 대한민국 교회학교는 걱정할 것이 없게 됩니다!"

간혹 오래된 제자들에게 연락이 올 때가 있습니다. 그럴 때면 얼마나 반갑고 행복한지 모릅니다. 작년에도에 한 친구가 SNS를 통해서 연락을 했습니다.

전도사 시절에 가르쳤던 아이인데, 고등학교 때 처음 교회에 와서 예수님을 믿었고, 너무나도 성실하게 신앙생활을 잘했기에, 고3 졸업하자마자 중학교 1학년 교사로 세웠습니다.

그 친구에게 안부를 물으며 지금도 신앙생활 하는지 물었습니다.
"목사님 벌써 15번째 중고등부 교사를 하고 있어요."
그때부터 지금까지 쉬지 않고 교회 교사로 섬기고 있었던 것입니다. 그런데 그다음 말이 더 감동이었습니다.

"목사님, 그때 저희 반 아이였던 혜진이도 함께 교사로 섬기고 있어요."

쉽게 말하면 자기랑 똑같은 패턴으로 제자 중에 한 아이를 교사로 세운 것이었습니다.

교사는 또 다른 교사를 세우는 자이다

교회가 해야 할 가장 중요한 일은 사람을 세우는 일입니다. 교사가 해야 할 가장 중요한 일도 결국 또 다른 교사를 세우는 일이라고 생각합니다. 교회의 건강성 유무는 그 교회를 통해서 얼마나 좋은 크리스천들이 배출되었는가를 통해 확인할 수 있을 것입니다.

교사의 탁월함과 건강성도 그 교사를 통해서 얼마나 많은 교사가 배출이 되었는가로 확인할 수 있다고 생각합니다. 학교에서도 영어 선생님이 좋으면 영어교사를 하고 싶어지고, 수학 선생님이 좋으면 수학에 대한 흥미도 생기고 수학교사가 되고 싶어지는 것처럼 말입니다.

지금까지 당신은 얼마나 많은 교사를 배출시켰습니까? 많으면 많을수록 당신은 교사의 사명을 잘 감당한 것이고, 적으면 적을수록 당신의 교사 사명에 대해서 고민해봐야 할 것입니다.

나는 그래도 아직까지 실패한 목사라는 생각은 해보지 않았습니다. 그 이유 가운데 하나가 나를 보면서 자신도 신학교 가고 목사가 되는 친구들이 제법 있기 때문입니다. 뜬금없이 다 큰 제자들에게 연락이 올 때면 얼마나 행복하고 기쁜지 모릅니다. 수년 전에도 서울에서 사역하는 교역자가 내 책을 읽고 연락을 해왔습니다.

책을 읽는 순간에, 자신이 고등부 회장 때 담당했던 전도사님임을 알고 연락을 했습니다. 이 친구도 지금 서울에서 부목사로 사역하고 있고, 그때 부회장이었던 친구도 다른 교회에서 부목사로 사역하고 있다고 했습니다.

또 그때 다른 중등부 부회장이었던 여학생도 연락을 해왔습니다.

"목사님, 저는 지금 지방에 있는 교회 목사의 사모가 되었어요. 목사님께서 밤에 저희들 한강 데려가 주시고, 떡볶이도 사 주신 일들이 아직도 기억에 남아요. 목사님께서 잘 키워 주셔서, 제가 잘 자라게 되었어요. 감사합니다."

이 친구는 부모가 교회에 출석하지 않았고 그 어머니가 교역자인 나를 혼낸 적도 있는 아이였는데, 사모가 되었다는 소식에 놀라지 않을 수 없습니다.

이처럼 내 주변에는 나와 비슷한 길을 걷는 제자들이 참 많습니다. 이들은 내게 가장 큰 행복입니다.

우리 부서에 보면 나와 비슷한 행복을 누리는 선생님들이 제법 있습니다. 내 제자였던 아이가 지금 함께 부서를 섬기는 교사가 되어 있습니다. 그때는 예배 참여도 불성실했고, 늘 문제만 일으켰던 말썽꾸러기가 든든한 교사로 세워져 있을 때, 선생님들은 감동받지 않을 수 없습니다.

우리 드림교회의 가장 큰 특징은 이렇게 제자들이 다시 교사가 되는 경우가 많다는 데 있습니다. 고등학교를 졸업하면 많은 아이들이 교사로 헌신합니다. 특별히 내가 맡고 있는 청소년부에서는 서로 남아서 섬기고 싶어 하는 분위기입니다. 그 수가 너무 많고 감당이 안 되어서, 조절을 시킬 정도입니다.

우리 교회가 앞으로도 존속할 수 있으려면

교회는 반드시 교사를 재생산해내야 합니다. 교사가 또 다른 교사를 만들어 내는 것이 바른 사역의 계승이라고 믿습니다. 지금의 사역자가 아무리 탁월하더라도 언젠가는 그 교회를 떠나게 됩니다. 지금의 교사가 아무리 잘 섬기더라도 언젠가는 사라 없어질 유한한 인생에 불과합니다.

그러므로 우리는 사람을 세워야 합니다. 예수님께서 끝까지 모든 사역을 홀로 감당하신 것이 아니라 열두 명의 제자를 세우고 승천 하셨듯이, 우리는 교사를 세워야 합니다. 열두제자는 또 다른 제자들을 세웠듯이, 그래서 지금의 교회가 존재하듯이, 우리는 교사를 끊임없이 세워야 합니다. 그래야 우리 교회가 미래에도 존속할 수 있게 됩니다.

지금 문을 닫은 수많은 유럽의 교회를 보며, 우리는 다음세대 양육에 실패했다고 봅니다. 나는 조금 더 정확하게 분석해낸다면, 교회가 교사를 키워 내지 못했기 때문이라고 생각합니다. 교회가 교사를 키워 낸다면 결코 문 닫을 일이 없습니다.

제1차 유대-로마 전쟁 때, 로마는 유대 전역을 점령하고 마지막으로 예루살렘만 남겨놓게 되었습니다. 로마를 이끈 베스파시아누스의 부대에게 예루살렘 점령은 시간 문제였습니다.

이때 유대의 랍비 중 영향력이 있었던 요하난 벤 자카이가 머리를 씁니다. 자신이 흑사병에 걸려 죽은 것으로 위장하여 성 밖에 나갔고, 로마의 베스파시아누스 장군을 만납니다.

그는 베스파시아누스 장군을 보자마자, 머지않아 당신이 로마의 황제가 될 것이라고 예언한 뒤에, 황제가 되면 예루살렘을 함락시

킨 후에 다른 것은 다 멸망시켜도 좋으니 유대 경전을 공부할 수 있는 학교 하나만 남겨달라고 요청합니다. 베스파시아누스는 자신이 황제가 되면 그렇게 할 것이라고 약속합니다.

같은 해에 로마 황제 네로가 자살했습니다. 그 뒤에 황제가 된 이들은 다 살해되었습니다. 그리고 예루살렘은 머지않아 함락되었습니다. 이때 무려 110만의 유대인들이 죽었으니, 거의 유대인들이 전멸했다고 해도 과언이 아닙니다. 그리고 그 랍비의 예언대로 베스파시아누스가 황제가 됩니다. 그때 그는 약속을 지켜서 유대학교 예시바를 세우도록 합니다.

유대의 랍비인 요하난 벤 자카이는 바리새파 사람들을 데리고 텔아비브 남동쪽 20km 지점에 위치한 곳에 유대인 율법 학교를 세웁니다. 그리고 그곳에서 살아남은 소수의 유대인 자녀들에게 토라와 탈무드를 가르쳤습니다.

비록 그들은 패망했지만 그들의 교사, 랍비들에 의한 유대 교육은 지속되었습니다. 그래서 결국 땅을 되찾고 나라를 되찾게 됩니다. 바로 한 명의 랍비 때문에 가능했던 것입니다. 요하난 벤 자카이라는 한 교사가 민족을 살린 것입니다.[23]

지금 우리 반 아이들은 미래 교회의 교사

훌륭한 선생님 한 명이 한 나라를 살릴 수 있게 됩니다. 교회학교에 훌륭한 교사 한 명만 제대로 세워진다면, 그 교회를 살리게 됩니다. 따라서 우리 선생님들에게 필요한 비전은 또 다른 교사를 세우는 것이어야 합니다.

이것은 다른 교회에서 좋은 교사를 데려오거나 다른 부서에서 교사를 공수해오는 것이 아닌, 지금 당신이 맡고 있는 그 아이를 교사로 나중에 세우겠다는 비전이 필요하다는 것입니다. 지금 우리 반 아이들은 미래 교회의 교사라는 생각이 우리에게 필요합니다.

다른 아이들은 모르겠지만, 우리 반 아이들은 절대 아니라고 말하는 분도 있을 것입니다. 우리가 지금 봐야 할 것은 아이들의 현재 모습이 아닌 미래의 모습, 즉 잠재력을 봐야 합니다.

예수님의 열두제자들 가운데, 누가 과연 제자감이었나요? 그들의 현재 모습만 보고 있었더라면, 아무도 제자가 되지 못했을 것입니다. 하지만 주님은 그들의 잠재력을 보셨습니다. 그리고 그들은 결국 초대 교회를 이끌고, 세계 복음화의 씨앗이 되었습니다. 주님이 맞았습니다. 사람을 바로 뽑으셨습니다.

지금 우리 아이들이 교회를 자주 나오지 않고 매주 지각하며 학교에서는 문제를 일으키고 가정적으로 어려움이 많다고 하더라도, 그것 자체가 결코 중요하지 않습니다.

우리는 그 아이들의 문제보다 잠재력을 볼 줄 알아야 합니다. 그들 한 명 한 명에게 사랑으로 작은 동기 부여를 할 때 엄청난 영향력을 발휘하는 인물들이 나오게 될 것입니다.

교사는 교사를 낳는다

지금 내가 하고 있는 사역의 가장 큰 특징은 교사를 만들어 내는 것입니다. 고등학교를 졸업한 학생들이 또 교사가 되는 것입니다. 대학생들은 안 된다고요? 청년들은 믿기 힘들다고요? 그것 아십니까? 한국 교회 주일학교가 최고조에 다다랐을 때, 고등학생들이 교회학교 교사 직분을 감당했습니다.

한국 교회 성장기 때를 보면, 고등학생들과 청년들이 교회학교 교사, 성가대원 등 큰일을 다 감당했었습니다. 그때 헌신한 고등학교 교사들이 있었기 때문에 지금의 한국 교회가 있는 것입니다.

미국에서 청소년 사역을 할 때, 교사 없이 무려 6년간 홀로 부서를 이끌었습니다. 그때 매일 기도했던 제목이 있습니다.

'하나님, 교사를 보내 주세요. 한 명이라도 괜찮습니다. 영어를 할 줄 아는 교사 한 명만 보내 주세요.'

응답이 되지 않았습니다. 누구 하나 우리 부서 교사로 새로 오지 않았습니다.

그런데 6년이 지난 다음에 저도 모르게 그 기도가 응답이 된 것을 깨닫게 되었습니다. 고등학교를 졸업한 크리스틴, 수잔이 벌써 교사로 섬기고 있는 것입니다.

나와 함께 제자훈련했던 그 학생들이 교사로서 전혀 손색이 없었고, 그 직분을 잘 감당했습니다. 그 이후 한나, 에스더, 그레이스 모두 다 교사가 되었습니다.

지금 당신이 다니는 교회에 교사가 없습니까? 어디서 데려오려고 하는 대신, 지금 있는 학생들이 미래의 교사라는 생각을 하고 키워 보십시오. 교사는 또 교사를 낳는 일을 합니다.

그때 교사들이 가장 큰 보람을 느낍니다. 내가 가르쳤던 그 아이와 함께 한 부서를 섬기고 있다고 생각해보십시오. 행복하지 않습니까?

교사는 또 다른 교사를 세울 줄 알아야 합니다. 그러면 교사가 부족하지 않습니다. 드림교회 교회학교 교사는 매년 증가합니다. 8년 전 내가 처음 왔을 때 250명이었던 교사가 지금은 430명이 되었습니다. 청소년부 교사는 50명도 채 안되었는데 지금은 80명이 되었습니다.

왜 이렇게 늘었을까요? 과거 학생이었던 이들이 지금은 모두 교사가 되어 있는 것입니다. 우리의 비전과 목표는 지금 우리가 가르치고 있는 그 학생이 바로 교사가 되는 것입니다! 그럴 때 대한민국 교회학교는 걱정할 것이 없게 됩니다!

책을 마무리하면서, 지난 8년간 청소년부를 졸업하자마자 교사로 섬겨온 수많은 청년 교사들의 얼굴을 다시 떠올리게 됩니다. 제자들이 어느 순간에 내 옆에서 동역자로 서 있는 것입니다.
그들이 없었더라면 내 사역도 없었을 것입니다. 내가 드림교회에 와서 가장 잘한 일을 꼽으라면, 바로 제자들을 교사로 세운 것이라고 말하고 싶습니다.

교사, 절대 없지 않습니다.
절대 부족하지 않습니다.

지금부터 키우십시오!

유치부 아이들이 미래의 교사입니다.

유년부 아이들도 미래의 교사입니다.

중고등부 아이들 또한 미래의 교사입니다.

각 교회에 매년 교사로 헌신하는 이들이 생겨나길 소망합니다!

각주

1 엘머 타운즈, 『주일학교 교사가 꼭 알아야 할 24가지 비결』, 드림북, 2001. 13-18p.
2 홍민기, 『교사의 힘』, 규장, 2007. 26-33p.
3 이찬수, 『교육은 감동이다』, 낮은울타리, 2000. 28p.
4 임만호, 『아이들이 교회로 몰려온다』, 생명의말씀사, 2018. 31-32p.
5 찰스 스펄전, 『영혼 인도자에게 전하는 글』, 지평서원, 2012. 204p.
6 이찬수, 『교육은 감동이다』, 낮은 울타리, 2000. 71-72p.
7 미즈타니 오사무, 『얘들아, 너희가 나쁜 게 아니야』, 에이지21, 2005, 33-48p.
8 교회용어사전, 『가스펠서브』 생명의말씀사, 2013. 98p.
9 하워드 헨드릭스, 『삶을 변화시키는 가르침』, 생명의말씀사, 2005. 88p.
10 "교사가 존경 못 받는 사회," 『세계일보』, 2015. 5. 13.
11 저자는 2013년 4월 한 달간 군산시내 중고등학생 776명을 대상으로 학생들 종교 실태 및 삶의 이슈에 대한 설문조사를 실시하였다.
12 Bernice McCarthy, "A Tale of Four Learners: 4MAT's Learning Styles" in Educational Leadership, 1997, March, Vol 54. No. 6. 46-51p.

13 William R. Yount, 『Called to Teach』, Broadman and Holman Publishers, 1999. 3-39p.
14 홍민기, 『교사의 힘』, 규장, 2007. 154-162p.
15 하워드 헨드릭스, 『삶을 변화시키는 가르침』, 생명의말씀사, 2005. 11p.
16 하워드 헨드릭스, 『삶을 변화시키는 가르침』, 생명의말씀사, 2005. 15-16p.
17 홍민기, 『탱크목사 중고등부 혁명』, 규장, 2007. 65p.
18 홍민기, 『탱크목사 중고등부 혁명』, 규장, 2007. 111p.
19 오선화, 『교사, 진심이면 돼요』, 좋은 씨앗, 2018. 96p.
20 김인환, 『교사들이여 절대로 가르치지 마라』, 두란노, 2011. 101p.
21 김인환, 『교사들이여 절대로 가르치지 마라』, 두란노, 2011. 15p.
22 임출호, 『파이프 목사의 청소년 부흥 이야기』, 요단, 2008. 113p.
23 홍익희, "교육으로 민족을 지켜낸 유대인 학자 요하난 벤 자카이를 아십니까," 『조선일보』, 2017. 10. 30.

사명선언문

너희가 흠이 없고 순전하여……세상에서 그들 가운데 빛들로
나타내며 생명의 말씀을 밝혀 _ 빌 2:15-16

1. 생명을 담겠습니다
만드는 책에 주님 주신 생명을 담겠습니다.
그 책으로 복음을 선포하겠습니다.

2. 말씀을 밝히겠습니다
생명의 근본은 말씀입니다.
말씀을 밝혀 성도와 교회의 성장을 돕겠습니다.

3. 빛이 되겠습니다
시대와 영혼의 어두움을 밝혀 주님 앞으로 이끄는
빛이 되는 책을 만들겠습니다.

4. 순전히 행하겠습니다
책을 만들고 전하는 일과 경영하는 일에 부끄러움이 없는
정직함으로 행하겠습니다.

5. 끝까지 전파하겠습니다
모든 사람에게, 땅 끝까지, 주님 오시는 그날까지
복음을 전하는 사명을 다하겠습니다.

서점 안내

광화문점　서울시 종로구 새문안로 69 구세군회관 1층
　　　　　　02)737-2288 / 02)737-4623(F)

강남점　　서울시 서초구 신반포로 177 반포쇼핑타운 3동 2층
　　　　　　02)595-1211 / 02)595-3549(F)

구로점　　서울시 동작구 시흥대로 602, 3층 302호
　　　　　　02)858-8744 / 02)838-0653(F)

노원점　　서울시 노원구 동일로 1366 삼봉빌딩 지하 1층
　　　　　　02)938-7979 / 02)3391-6169(F)

일산점　　경기도 고양시 일산서구 중앙로 1391 레이크타운 지하 1층
　　　　　　031)916-8787 / 031)916-8788(F)

의정부점　경기도 의정부시 청사로47번길 12 성산타워 3층
　　　　　　031)845-0600 / 031)852-6930(F)

인터넷서점　www.lifebook.co.kr